Hans Dieter Stöver
Daniel und Esther
Die Entscheidung

Hans Dieter Stöver wurde 1937 in Wissen/Sieg geboren. Er studierte Pädagogik, Geschichte, Kunstgeschichte und Altertumswissenschaften in Bonn und Köln. Heute lebt er als freier Autor in der Nähe von Köln. Seine historischen Romane und Sachbücher machten ihn zu einem der bekanntesten Vermittler der römischen Antike an ein modernes Publikum. Seit 1987 bei dtv junior sein Band ›Quintus geht nach Rom‹ erschien, schreibt Stöver auch sehr erfolgreich für Jugendliche.
Weitere Titel von Hans Dieter Stöver bei dtv junior: siehe Seite 4

Hans Dieter Stöver

Daniel und Esther

Die Entscheidung

Deutscher Taschenbuch Verlag

Von Hans Dieter Stöver sind bei dtv junior
außerdem lieferbar:
Das römische Weltwunder, dtv junior 70385
Die Akte Varus, dtv junior 70470
Caesar und der Gallier, dtv junior 70573
Die letzte Fahrt der Triton, dtv junior 70632
Daniel und Esther – Allein in Rom, dtv junior 70658
Daniel und Esther – Das Geheimnis der Vestalin,
dtv junior 70733
Drei Tage in Rom. Stadt- und Landleben zur Zeit Caesars,
dtv junior 79512
Weitere Titel siehe S. 288

Originalausgabe
In neuer Rechtschreibung
Januar 2004
© 2004 Deutscher Taschenbuch Verlag GmbH & Co. KG,
München
www.dtvjunior.de
Umschlagkonzept: Balk & Brumshagen
Umschlagbild: Klaus Steffens
Karte S. 266: Achim Norweg, München
Karte S. 267 aus: Mireille Hadas-Lebel: Massada
(© 1995, Verlag Klaus Wagenbach Berlin)
Lektorat: Maria Rutenfranz
Gesetzt aus der Aldus 10,5/14˙
Gesamtherstellung: Ebner & Spiegel, Ulm
Printed in Germany · ISBN 3-424-70824-7

Dramatis personae – Hauptpersonen

(Die Altersangaben beziehen sich
auf das Jahr 73 n. Chr.)

Nathan ben Mathijahu (48), *jüdischer Adliger
und Offizier, im Jüdischen Krieg verschollen*
Lea (42), *seine Frau*

Beider Kinder:
Absalom (24)
Daniel (16)
Esther (16), *Daniels Zwillingsschwester*

Marcus Acilius Rufus (44), *Großkaufmann*
Domitia Calvena (38), *seine Frau*

Beider Sohn:
Titus Acilius Rufus (16)

Personal des Marcus Acilius Rufus:
Philon (Mitte 40), *Schreiber*
Theokritos (Mitte 40), *Schreiber*
Pilesar (36), *Bibliothekar*
Segovax (38), *britischer Sklave*
Cingetorix (28), *britischer Sklave*
Ioannes (18), *jüdischer Sklave*
Martha (61), *jüdische Witwe, Sklavin*

Matthias ben Jaïr (Mitte 50), *jüdischer Händler
in Caesarea*
Amynthas (74), *makedonischer Händler in Caesarea*

Iamblichos (Ende 40), *Kapitän der Fortuna*

Gaius Musonius Rufus (um 50), *Herbergsbesitzer
in Caesarea*
Marcus Antonius Alexander Serenus (Mitte 30),
genannt Iskander, *Gastwirt in Caesarea*

Lucius Flavius Silva (45), *Legat (Kommandeur) der
X. Legion*
Clodius Marcellinus (34), *Militärtribun (Stabsoffizier)*
Asinius Gallus (38), *Militärtribun (Stabsoffizier)*

Eleazar ben Jaïr (Ende 50), *Anführer der Eingeschlossenen in Massada*
Ionathan ben David (27), *jüdischer Offizier*

Die Geschichte spielt vom Herbst 73 bis Frühjahr 74
in Rom, Caesarea und Massada

I

Schon seit Tagen herrschte auf dem gesamten Anwesen des Marcus Acilius Rufus ein außergewöhnlich reges Treiben. Außergewöhnlich deshalb, weil fast alle Räume des Hauses, das Kontor, der Hof und die Werkstatt davon betroffen waren. Immer wieder eilte jemand über die Treppe nach oben, verschwand in einem der Zimmer, hastete kurze Zeit später wieder herunter, in der Hand eine Ledertasche, unter dem Arm ein geschnürtes Bündel oder diverse Kleidungsstücke. In der Werkstatt, direkt neben dem Stall am hinteren Ende des Hofes, wurde gehämmert, gesägt und geschmiedet, genietet, gebogen oder gestreckt, so dass ein Fremder meinen konnte, er sei nicht ins Handelshaus des Acilius Rufus, sondern in einen Metall verarbeitenden Betrieb eingetreten. Auf dem Hof stand der große Reisewagen, freilich ohne Räder, der Kasten hochgebockt auf stabilen Holzständern, und drei Sklaven waren damit beschäftigt, alle mechanisch bewegten Teile zu lösen, auseinander zu nehmen und zu reinigen.

Manchmal trat der Herr selbst dazu, um nach dem Rechten zu sehen. Dann hieß es: »Geht sehr gründlich vor, nicht wahr! Gründlich! Alle verschlissenen Teile müssen ersetzt werden, alle! Und wenn ihr damit fertig seid, nehmt euch die Holzteile vor, die Holz . . .! Und die Sitze! Jawohl, auch die Sitze! Das Leder muss gesäubert und gründlich gewachst werden, nicht wahr. Gründlich! Der Wagen muss wie neu . . . ja, wie neu! Als ob er gerade gekauft . . .! An die Arbeit, an die . . .!«

Die Männer nickten eifrig, ließen sich aber im Übrigen nicht aus der Ruhe bringen. Zu lange schon kannten sie ihren Herrn und seine Vorliebe, im ungeeignetsten Augenblick zu erscheinen und die Arbeit mit großen Reden zu stören. Dabei mochten sie ihn, denn er war gerecht und strafte wenig.

Domitia, die Herrin, ließ sich draußen kaum blicken. Zusammen mit der Köchin Martha, Esther und zwei Sklavinnen mühte sie sich schon seit Tagen Ordnung in die unzähligen Tücher und Decken, Bürsten und Schwämme, Kissen, Tuniken, Schuhe, Sandalen, Mäntel und Wäschestücke zu bringen.

»Gute Göttin!«, rief sie mehrmals. »Wo soll das denn nur alles verstaut werden?! Wir brauchen noch eine Truhe! Haben wir noch eine?«

»Auf dem Speicher, Herrin«, sagte Martha.

»Gut. Dann sollen Philon und Theokritos sie herunterholen!«

Und Martha: »Ich kümmere mich darum.«

Sie verließ den Arbeitsraum neben der Küche, ging über den Gang zur Schreibstube, klopfte kurz an und öffnete die Tür ohne ein »Herein!« abzuwarten. Wusste sie doch, dass der Schreiber Philon schwerhörig war, während sein Kollege Theokritos, obwohl er sehr gut

hörte, es meist nicht für nötig hielt, darauf zu reagieren.
Er tat dann so, als ob er völlig von seiner Schreibarbeit
in Beschlag genommen sei. Man konnte ja nie wissen, ob
es nicht der Herr selbst war – aber der pflegte nicht an-
zuklopfen.

Theokritos blickte kurz hoch, registrierte erleichtert,
dass es nur die Köchin war, und schloss fälschlicher-
weise, sie hätte irgendeine Köstlichkeit in der Küche für
sie bereitstehen und wollte nun beide Schreiber einladen
eine kleine, leckere Zwischenmahlzeit zu sich zu nehmen.

Doch es kam anders. Martha stemmte die Arme in die
Hüfte und erklärte in strengem Ton: »Hört zu! Die Herrin wünscht, dass ihr eine Truhe vom Speicher holt!«

Stille.

Da die beiden nicht reagierten, rief sie: »He! Habt ihr
nicht gehört?«

Philons Gesicht wurde noch trauriger, als es ohnehin
war; er hielt die Hand ans Ohr, richtete den Blick auf
Theokritos und fragte mit seiner matten, immer etwas
belegten Stimme: »Was hat sie gesagt?«

Und dieser: »Ob wir nicht gehört haben.«

»Was? Was gehört? Was sollen wir gehört haben?«

»Was sie gesagt hat.«

Philon zwinkerte. »Aha. Und was hat sie gesagt?«

»Ob wir nicht gehört haben.«

Verwirrt starrte Philon den Kollegen an: »Aber . . .
das ist doch unsinnig. Wenn wir nicht gehört haben,
können wir nichts hören. Theokritos?!«

»Wie?« Der Kollege dachte über eine Antwort nach und erklärte ohne aufzublicken: »Möglich. Sie hat es aber gesagt.«

Martha, die wie alle andern im Hause die absurden Dialoge der beiden zur Genüge kannte, wollte ihnen ein Ende machen und rief: »Es reicht!«

Genau in diesem Augenblick kam Acilius Rufus herein und sagte: »Wenn ihr die Sache, nicht wahr, wenn ihr sie erledigt habt, meldet ihr euch bei mir, ja! Und zwar im Tablinum*! Philon, hast du verstanden?«

Prompt ging dessen Frage an den Kollegen: »Was hat er . . .?«

»Ob du es verstanden hast.«

Philon zwinkerte wieder und murmelte: »Hast du's denn verstanden?«

»Sicher.«

»Ich nicht.«

Nun war es Acilius, der zornig rief: »Es reicht!« Und diesmal hatte Philon verstanden, was es geschlagen hatte. Dennoch murmelte er: »*Deliberando discitur sapientia – Durch Denken kommt der Mensch zur Weisheit.* Wie wahr, wie wahr!«

»Sehr korrekt!«, sagte Acilius. Um seinen Mund spielte ein Lächeln. Philon aber machte sich herausfordernd gemächlich mit Theokritos auf den Weg zum Speicher. Also hatte er sehr wohl alles, was Martha und der Herr gesagt hatten, verstanden.

---

* Empfangsraum des Hauses

Martha folgte Acilius in den Arbeitsraum neben der Küche, wo mittlerweile auch Daniel und Titus eingetroffen waren. Acilius wandte sich an alle: »Ich, äh . . . ich bitte euch, nicht wahr, eure Arbeit für eine Weile zu unterbrechen, ja.«

»Warum?«, fragte Domitia ungehalten, denn sie war damit beschäftigt, Kleidungsstücke in einer Truhe zu ordnen, und wollte nicht gestört werden.

»Wie? Weil . . . äh . . . Ich habe etwas mitzuteilen. Und zwar allen.«

»Na gut.« Domitia versuchte den Deckel der Truhe zu schließen, doch er sperrte sich. »Gute Göttin! Man meint ja geradezu, hier handle es sich um die Aussteuer der einzigen Tochter!«

»Bitte, Domitia!«, mahnte ihr Mann. »Das könnt ihr anschließend, nicht wahr, durchaus in Ruhe zu Ende bringen. Es ist wirklich, äh, wie soll ich sagen, von einiger . . . äh . . .«

»Bedeutung«, schloss Daniel den Satz ab.

»*Ita 'st*«, nickte Acilius, wandte sich um und ging über den Flur zur Tür des Tablinums. In diesem Augenblick hörte man es oben im Treppenhaus laut poltern.

Daniel, Titus und Esther wechselten einen Blick, während Domitia besorgt nach oben rief: »Ist was passiert?«

»Nein, Herrin. Philon ist nur ein bisschen hingefallen.« Das war die Stimme von Theokritos.

Domitia schüttelte den Kopf und sagte abschätzig: »Er ist nicht nur schwerhörig, sondern scheint es neuerdings auch mit den Füßen zu haben.« Und laut rief sie nach oben: »Seid vorsichtig!«

Damit meinte sie weniger die Möglichkeit, dass die beiden sich verletzen könnten, als ihren fahrlässigen Umgang mit der Truhe. Sie war ein Erbstück ihrer Mutter.

Endlich erreichten die beiden ungelernten Möbelpacker den letzten Treppenabschnitt. Als Titus und Daniel sahen, dass der schmächtige Philon mit der Last völlig überfordert war – er ging rückwärts, zitterte am ganzen Leib vor Anstrengung und konnte jeden Augenblick ein zweites Mal ausgleiten –, sprangen die jungen Leute den Trägern entgegen, griffen beherzt zu und mit vereinten Kräften gelang es, das schwere Stück aus Eichenholz in den Arbeitsraum zu bugsieren.

Philon rieb sich die Hände, die immer noch zitterten, und atmete schwer. Dann gingen alle hinüber ins Tablinum, das wie immer tadellos aufgeräumt war.

Acilius wartete, bis alle außer Philon und Theokritos auf den Stühlen, Hockern und Sesseln Platz genommen hatten. Dann ging er einige Schritte vor den Versammelten auf und ab, blieb plötzlich stehen und ließ seinen Blick aus weit aufgerissenen Augen über die Versammelten schweifen.

»Es ist«, begann er, »durchaus an der Zeit, dass ich euch allen, nicht wahr, wegen des bevorstehenden Aufbruchs, also aus eben diesem Anlass, äh, etwas . . .«

Wie so oft, wenn er Wert darauf legte, in seiner Eigenschaft als *pater familias*, als Oberhaupt der Familie, allen etwas offiziell mitzuteilen, verhedderte er sich in der komplizierten Wortwahl, so dass Daniel ihm helfen musste: »Von einiger Bedeutung . . .«

»Wie? – Ja, von einiger Bedeutung, ich meine, euch darüber zu sagen habe, ja.« Dabei wussten alle längst, wer mit nach Iudaea gehen würde. Aber der Herr liebte nun einmal Szenen wie diese. Er blickte auf den Boden, konzentrierte sich und fuhr fort: »In Kürze, das heißt jeden Augenblick, nicht wahr, muss Pilesar mit den drei Leuten vom Lager hier eintreffen. Er müsste eigentlich schon . . .«

Tatsächlich klopfte es in diesem Augenblick an der Tür, sie öffnete sich und Pilesar, ein Mann Mitte dreißig, trat ein, gefolgt von drei weiteren verschiedenen Alters.

»Ihr kommt spät, aber ihr kommt, nicht wahr. Nun denn . . .« Acilius wartete, bis Pilesar sich auf den letzten freien Stuhl gesetzt hatte und die drei Arbeitssklaven neben Philon und Theokritos Aufstellung genommen hatten, dann hieß es: »Segovax, wie fühlst du dich?«

Segovax, der Älteste der drei, war ein wortkarger Mann, der nur das Notwendigste von sich gab, selbst wenn er gefragt wurde. Daniel schätzte ihn auf Ende dreißig.

Wie erwartet, sagte er nur ein Wort: »Gut.« Die Anrede »Herr« kam ihm nicht über die Lippen. Acilius hatte sich daran gewöhnt. Er hatte eine hohe Meinung von Segovax, weil er einer der Zuverlässigsten war, der alles, was man ihm sagte, auf der Stelle korrekt ausführte.

13

»Fein«, nickte der Chef. »Und du, Cingetorix?«

»Sehr gut, Herr.« Cingetorix grinste fröhlich. Er war achtundzwanzig, sah aber jünger aus. Er war immer für einen Spaß zu haben. Obwohl er und Segovax Landsleute waren – beide waren während des Feldzugs von Kaiser Claudius in Britannien in die Sklaverei geraten, Cingetorix noch als Kind –, sah man sie selten im Gespräch miteinander. Das lag weniger am Altersunterschied als an ihrem unterschiedlichen Wesen. Segovax war in sich gekehrt, zurückhaltend, ja scheu, während Cingetorix mit jedem schnell ins Gespräch kam und aus jeder Sache das Beste zu machen wusste.

»Nun zu dir, Ioannes!«

Der Angesprochene war der Jüngste, noch keine zwanzig. Aber er wirkte älter. Wie Daniel und Esther stammte er aus Iudaea, aus Bethlehem, wo sein Vater vor dem Krieg eine Wollmanufaktur betrieben hatte. Da er zugleich Besitzer großer Schafherden war, konnte er den Zwischenhandel umgehen und lieferte seine Produkte direkt an die jüdischen, römischen oder griechischen Großhändler in den Küstenstädten am Mittleren Meer. Ioannes war erst seit zwei Jahren im Dienst des Acilius.

»Na, wie ist es?«, wiederholte Acilius seine Frage.

»Alles in Ordnung, Herr.« Ioannes nickte zweimal.

»Fein.« Acilius wandte sich zur Seite: »Daniel!«

»Chef?«

»Das sind also die drei, die dich und Pilesar nach Caesarea begleiten werden. Ich gehe davon aus, nicht wahr, dass du mit dieser meiner, äh, Auswahl, ja, dass du zufrieden bist. Bist du's?«

»Ich bin es.«

Daniel kannte alle drei sehr gut, denn er hatte fast täglich im Lager mit ihnen zu tun. Besonders freute er sich darüber, dass Ioannes dabei war. Er hatte in den letzten Wochen des großen Krieges beide Eltern verloren; seine Geschwister, ein Mädchen und ein Junge, waren verschollen. Ähnlich wie Daniel war er, gezwungen von einem grausamen Geschick, früh erwachsen geworden.

»Dabei«, fuhr Acilius fort, »ist es von nicht unerheblicher Bedeutung, dass Ioannes ein Landsmann von dir ist, nicht wahr. Er kann sogar, wovon ich mich selbst überzeugen konnte, ein wenig schreiben – ich meine in dieser deiner unsäglich schweren Sprache, nicht wahr. Und das dürfte sich dann doch unter den gegebenen Umständen in Iudaea als, wie soll ich sagen, durchaus als, äh . . .«

»Großer Vorteil erweisen«, vollendete Daniel.

»Wie? Ja, natürlich. Der gute Pilesar wiederum . . .« – Acilius wandte sich dem Bibliothekar zu – »spricht neben seiner Muttersprache, dem Syrischen, perfekt Hebräisch, Griechisch und Latein. Und du selbst, nicht wahr, sprichst und schreibst außer dem Syrischen ebenfalls diese Sprachen. Da könnte man durchaus neidisch werden, ja. Aber . . .« Er reckte sich und hob die Stimme: »Daniel!«

»Hier!«

»Pilesar!«

»Hier!«

»Nun merkt auf! Ich hoffe nämlich, nicht wahr, ihr seid bereit zu erkennen und wisst es zu würdigen, dass ich durchaus mit großer, äh, Sorgfalt vorgegangen bin, um euch den Aufenthalt in dem Lande und der Stadt, in die ich euch schicken werde, zu . . . äh . . . zu . . .«

»Erleichtern«, schloss Daniel den Satz ab.

»Wie? – Ja, zu erleichtern! Alle wissen ja bereits seit einiger Zeit, nicht wahr, dass wir vorhaben in Caesarea eine Filiale zu errichten. Ioannes! Weißt du es?«

Auf der Stelle kam die Antwort: »Ich weiß es, Herr!«

»Sehr gut. Nun denn . . . Drei von euch sind also des Hebräischen mächtig. Das ist gut, denn das ist ungemein wichtig in diesem Lande. So kann euch keiner ein A für ein O vormachen, nein! Im Übrigen stelle ich euch zwei sehr erfahrene Kräfte zur Seite, die den hiesigen Betrieb fast von klein auf kennen: Theokritos und Philon.«

Philon, der wohl seinen Namen vernommen, das andere aber kaum mitbekommen hatte, hob die Hand ans Ohr und fragte den Kollegen: »Was hat er gesagt?«

Und dieser: »Dass du sehr erfahren bist.«

»Aha. Worin denn?«

»In allem.«

»Sooo?« Er riss staunend beide Augen weit auf. »Seit wann denn das?«

»Seit . . . Schon von klein auf.«

»Bist du sicher?«

»Absolut.«

»In allem?«

»In allem.«

»Du meinst, im Schreiben?«

»Das auch.«

»Was denn noch?«

»Weiß ich nicht.«

»Aber du sagst doch, in allem!«

»Alles ist nicht immer alles. Alles kann auch Verschiedenes sein.«

»Aber das ist doch Unsinn.«

Da unterbrach Domitia streng ihren Disput mit einem scharfen: »Philon! Es reicht!«

Das wiederum verstand er auf der Stelle, denn vor niemandem hatte er mehr Respekt als vor der Herrin. Er beendete den Dialog, murmelte aber etwas wie: »Wenn man in diesem Hause nicht mehr reden darf, nicht wahr, sollte man gehen ... weit weg ... zum Beispiel nach Iudaea!« Sein Glück, dass Domitia es nicht mitbekam, wohl aber Daniel und Titus, die sich kurz ansahen und grinsten.

Acilius setzte seine unterbrochene Rede fort: »Ich komme nun zu den Dingen, nicht wahr, die als Erstes in die Wege, also die, äh ...«

»In die Wege geleitet werden müssen«, ergänzte Daniel.

»Genau das! Hört zu ...« Und dann teilte er ihnen mit, dass sie morgen schon kurz nach Sonnenaufgang von Rom aufbrechen würden; das Schiff liege im Hafen von Ostia bereit und werde im Laufe des Vormittags in See stechen. »Es handelt sich dabei um den besten, nicht wahr, ich betone: den besten, schnellsten und sichersten Frachtsegler, den das Haus Acilius zurzeit besitzt. Im Übrigen ist Iamblichos als *magister navis* der erfahrenste Kapitän, den ich zur Verfügung habe, ja.«

Er machte eine Pause, sein Blick wanderte prüfend über die Gesichter der beiden Schreiber und der drei Männer aus dem Lager, dann hieß es: »Philon, Theokritos!«

»Hier!«, riefen beide wie aus einem Munde, also hatte Philon dieses Mal verstanden.

»Ihr werdet mit dem gleichen Fleiß, nicht wahr, nein, mit der gleichen Hingabe und Sorgfalt, die ihr schon hier – nun, sagen wir: hin und wieder, an den . . . äh . . .«

»An den Tag gelegt habt«, half ihm Daniel.

»Genau das! Genau wie hier werdet ihr ohne Ansehen der Person eure Pflicht erfüllen, dergestalt ihr jeden Auftrag, den euch Daniel oder Pilesar erteilt, auf der Stelle ausführt! Habt ihr verstanden?«

»Wir haben es!«, riefen beide und standen einen Augenblick stramm.

In ähnlichem Sinne ermahnte der Kaufmann Segovax, Cingetorix und Ioannes, dem er noch hinzufügte: »Im Übrigen seid ihr mir für die persönliche, nicht wahr, die persönliche Sicherheit von Daniel und Pilesar verantwortlich. Es darf ihnen kein Haar . . . nein! Ich kann mich darauf verlassen?«

»Du kannst es, Herr«, brummte Segovax, und das war für ihn ein langer Satz.

»Daniel!«

»Hier!«

»Pilesar!«

»Hier!«

»Kommt in mein Zimmer! Ich habe mit euch zu reden . . . unter vier Augen!«

»Sechs, Chef!«, verbesserte Daniel.

»Wie? – Ja natürlich: sechs.« Dann entließ er die Übrigen mit einer huldvollen Geste, die eines Königs würdig gewesen wäre. Alle gingen zurück an ihre Arbeit, bis auf die drei Sklaven aus dem Lager. Der Herr befahl ihnen im Haus zu bleiben; sie könnten schon bald mit dem Bereitstellen der Gepäckstücke beginnen. Bis dahin sollten sie den Männern draußen helfen den Wagen wieder zusammenzusetzen.

II

Im Kontor schloss Acilius sorgfältig die Tür, wies Daniel und Pilesar Plätze vor dem großen Schreibtisch an und ließ sich selbst mit einem Seufzer auf dem hochlehnigen Sessel hinter der Schreibplatte nieder. Das Gestühl ächzte unter seinem Gewicht, hielt ihm aber stand.

Acilius sah Daniel an: »Ich gehe wohl recht in der Annahme, dass du und deine Schwester heute Abend eurer lieben Mutter noch einen Besuch abstatten wollt – gehe ich?«

»Du gehst.« Daniel nickte.

»*Bene* – gut. Darum ist es angebracht, gleich jetzt mit euch beiden über einige sehr wichtige – ich meine, über Fragen von einiger Bedeutung, nicht wahr, zu reden, ja. Ihr versteht?«

»Wir verstehen.« Pilesar nickte.

»*Bene*. Ich habe mir hier einige Dinge notiert, die ich . . .« – er blickte auf ein beschriebenes Papyrusblatt, das er bereitgelegt hatte – »die ich mit euch durchgehen muss, ja. Man kann nicht alles Wichtige im Kopf . . . Nein!«

Er beugte sich über die Notizen und fuhr fort: »Das Wichtigste vorab als Erstes, nicht wahr: Ihr beide, Daniel und Pilesar, redet, handelt, tut oder unterlasst alles in meinem Namen!«

Er riss, wohl in Erwartung einer beifälligen Reaktion, die Augen weit auf; als diese nicht kam, wechselte er seinen Blick von einem zum andern und fuhr mit gehobener Stimme fort: »Das aber heißt, nicht wahr: im Namen des römischen Ritters und Kaufmanns MARCUS ACILIUS RUFUS!«

Er sprach seinen eigenen Namen so feierlich aus, als sei er mit Großbuchstaben in Stein gehauen. Es war das erste Mal, dass er ihnen auf diese Weise kundtat, dass er dem *ordo equester*, dem römischen Ritterstand, angehörte. Dabei wussten sie es seit über einem Jahr, denn noch am Tage der Beförderung hatte er es allen mitteilen lassen. Da er aus kleinen Verhältnissen kam – sein Vater hatte im Argiletum noch mit einem winzigen Kräuterladen begonnen –, war er ungemein stolz darauf, nun zum zweiten Stand in der Rangliste der Honoratioren, der angesehensten Bürger Roms, zu zählen. Voraussetzung dafür war der Nachweis gewesen, dass er im Besitz von 400 000 Sesterzen war und frei darüber verfügen konnte – für ihn eine Kleinigkeit.

»Das nämlich ...« Der Kaufmann lächelte verschmitzt. »Das hat durchaus einiges an Gewicht, nicht wahr, denn jeder Bewohner, in welcher Provinz auch immer, wird sich hüten, sich einen *eques Romanus* zum Feinde zu machen, ja! Ihr könnt das bei jeder sich bietenden Gelegenheit durchblicken lassen. Das wirkt!«

Da sie weiter schwiegen, wiederholte er mit erhobenem Zeigefinger: »Das wirkt immer!« Er lehnte sich zurück. »Aber kommen wir nun zu der, äh, Sache, um die es hier ... ich meine, um die es sich handelt!«

Da er auf seine Notizen zurückgreifen konnte, kam er nun weniger oft vom Thema, um das es ging, ab, ja es gelang ihm sogar, die Punkte, die ihm besonders wichtig erschienen, äußerst knapp zusammenzufassen: »Erstens: eure Aufgabe, nicht wahr! Sie besteht darin, einen neuen Betrieb mit allen dazu notwendigen Einrichtungen komplett auf die Beine zu stellen! Komplett, nicht wahr!

Zweitens: Für den Anfang, das heißt für die ersten Wochen, müsst ihr dabei auf das Personal zurückgreifen, das ihr selbst mitgebracht habt. Dann aber werdet ihr nicht umhinkommen, weitere Leute einzustellen, seien sie nun Sklaven oder freie Arbeiter. Dabei habt ihr klug abzuwägen, nicht wahr, ob für eine bestimmte Aufgabe ein Freier oder ein Unfreier besser geeignet ist, ja! Könnt ihr mir folgen?«

»Wir können es«, sagte Daniel. Er und Pilesar nickten.

»*Bene* – gut. Drittens: Voraussetzung dafür ist allerdings, dass ihr in der Zwischenzeit eure – wie soll ich sagen: dass ihr eure Fühler ausstreckt und euch umhört, ob in der Stadt oder in ihrer unmittelbaren Umgebung eine Immobilie zum Erwerb ansteht. Ideal wäre es natürlich, wenn ein solches Grundstück sich in der Nähe des Hafens befände, ja. Wegen der kurzen Wege, nicht wahr. Also werdet ihr euch umhören, ob ein Grundstück mit Bebauung zum Verkauf angeboten wird. Das wäre insofern ideal, als ihr euch dann unmittelbar darin einrichten könnt, um möglichst bald den Betrieb aufzumachen. Könnt ihr mir folgen?«

»Wir können es«, sagte nun Pilesar.

»*Bene*. Im Übrigen bin ich der guten, äh, Zuversicht, nicht wahr, dass einer unserer Lieferanten in Caesarea, der ehrenwerte Matthias ben Jaïr, euch dabei behilflich sein wird. Ein kluger und erfahrener Mann, der nicht nur die Stadt, sondern das ganze Land hervorragend kennt, ja.«

Daniels Gedanken begannen abzuschweifen. Das alles hatten er und Pilesar mit Acilius Rufus schon mehrmals in den letzten Wochen besprochen. Aber er kannte den Chef und wusste, wie sehr er es liebte, eine bedeutungsvolle Sache mit einem gewissen Pathos abzuschließen und dem Ganzen somit einen höchst offiziellen Charakter zu geben. ›Er sollte nun endlich auf die wichtigste noch offene Frage kommen‹, dachte Daniel, ›nämlich auf die finanzielle Seite des Unternehmens.‹

Und Acilius tat es: »Ich komme nun zum, äh . . . zum wichtigsten, nicht wahr, zum allerwichtigsten Punkt der Angelegenheit, ja. Ich meine das Geld, nicht wahr. Wie rief doch schon der weise Publilius Syrus von der Bühne herab dem ergriffen lauschenden Publikum ins Angesicht: ›*Pecunia unum regimen est rerum omnium* – *Geld ist der einzige Herr ob allen Dingen.* Sehr wahr, nicht wahr!« Er beugte sich vor, studierte die Notizen auf seinem Merkzettel und fuhr fort: »Selbstverständlich werden wir euch mit einem finanziellen Grundstock, nicht wahr, mit einer gewissen . . . äh . . . durchaus erklecklichen Summe ausstatten, mit welcher ihr am Anfang die anfallenden Kosten, nicht wahr . . . Ihr versteht?«

Sie nickten.

»Ich werde euch dreißigtausend zur Verfügung stellen! Na, was sagt ihr? Ihr sagt ja nichts!«

Acilius sah sie gespannt an.

»Nun . . .«, begann Daniel leise – dann musste er schlucken, denn es handelte sich um eine ungeheure Summe baren Geldes. »Du meinst Sesterzen, Chef?«

»Wie? Nein, natürlich Denare!«

»Oh, das ist aber . . .« Daniel sah Pilesar von der Seite an. Auch der Syrer schien überrascht. Das war ein Vermögen!

23

»Ich weiß, ich weiß!«, rief Acilius. »Es ist großzügig, ja! Sehr großzügig sogar, nicht wahr! Aber in Anbetracht der Bedeutung dieses unsres neuen Unternehmens müssen wir von Anfang an, nicht wahr, dafür sorgen, dass wir die Konkurrenten mit einer vollen Breitseite, äh, wenn nicht zur Seite ... so selbige doch darauf aufmerksam machen, dass wir ... äh ...«

Wie selbstverständlich ergänzte Daniel: »Dass sie von nun an mit uns zu rechnen haben!« Er würde die Umständlichkeit des Kaufmanns in Iudaea vermissen.

»Wie? – Genau das!« Acilius fuchtelte mit erhobenem Zeigefinger durch die Luft und rief: »Sie haben von nun an mit uns zu rechnen, ja. Mit diesem Geld werdet ihr natürlich keine, äh, angemessene Immobilie erwerben können, nein. Aber es ist vorgesorgt, nicht wahr. Es ist schon vor. . ., ja!«

Acilius rieb sich gut gelaunt die Hände.

Daniel dachte nach. Er konnte sich nicht erinnern, dass Acilius in letzter Zeit Geld nach Iudaea geschickt hätte; er hatte ihm, Daniel, auch kein entsprechendes Begleitschreiben diktiert. Was meinte er also?

Acilius erklärte das Rätsel: »Ihr könnt es nicht wissen, nein, denn ich habe eigenhändig, nicht wahr – ich betone: eigenhändig! – an Matthias ben Jaïr einen freundlichen Brief geschrieben. Seine Antwort liegt vor: Er wird euch jede größere Summe, die zur Finanzierung eurer Vorhaben vonnöten ist, aushändigen oder – wenn es mehr ist, als er zur Verfügung hat – euch mit dem Vertreter einer römischen Bank, nicht wahr, bekannt machen, der euch jeden gewünschten Betrag . . . Ihr versteht?«

»Sicher«, nickte Daniel. »Aber er kennt uns nicht!« Er war nun ganz bei der Sache.

»Er wird euch kennen lernen! Matthias ben Jaïr wird euch bei allen wichtigen Männern einführen und, wenn es um Geld geht, bürgen. Außerdem werde ich euch entsprechende Empfehlungsschreiben mitgeben, eigenhändig von mir geschrieben und gesiegelt!« Acilius hob eine flache Ledertasche hoch, die wohl die Urkunden enthielt. »Damit seid ihr für alle Eventualitäten, nicht wahr, gewappnet, ja! Noch Fragen?«

Daniel und Pilesar dachten nach, schließlich fragte der Syrer: »Bis zu welcher Höhe können wir . . . Ich meine: Was darf die Immobilie denn kosten?«

»Oh, das lässt sich von hier aus kaum veranschlagen, Pilesar. Doch ich gehe wohl recht in der Annahme, dass die Grundstückspreise in Caesarea erheblich unter denen von Rom liegen. Durch die Zerstörungen des Krieges gibt es zurzeit wahrscheinlich ein Überangebot an Bauland und Häusern. Und die Einheimischen sind nicht in der Lage, solche Käufe zu tätigen, weil ihnen das Kapital fehlt. Ich hoffe also – nein: ich bin sicher, nicht wahr, dass euch die Angebote scharenweise ins Haus . . . Ihr werdet am Ende die Qual der Wahl, nicht wahr . . . Ihr versteht?«

Unvermittelt wurde Acilius sehr ernst. Er stand auf. Auch die angehenden Unternehmer erhoben sich. Acilius beugte sich über den Arbeitstisch und öffnete die kleine Truhe, in der er normalerweise kleinere Beträge baren Geldes aufbewahrte. Er entnahm ihr ein winziges Kästchen, öffnete dessen Metallverschluss, hob den Deckel und entnahm dem Behältnis einen goldenen Ring. An seiner breitesten Stelle war ein flacher, dunkelroter, fast schwarzer Stein eingelassen. Seine polierte Oberfläche spiegelte das Licht, während es in der Tiefe des Rubins glitzerte.

Acilius wandte sich an Daniel, und nun wurde seine Rede feierlich: »Diesen Ring, nicht wahr, überreiche ich dir, Daniel, zum Zeichen meines vollkommenen Vertrauens. Du wirst mit ihm alle Urkunden oder wichtige schriftliche Abmachungen siegeln. In die Oberfläche des Steins habe ich einen siebenarmigen Leuchter schneiden lassen. Du wirst mit ihm auch alle Geschäftsbriefe, die du an uns richtest, siegeln. So wissen wir immer, dass sie von dir stammen, nicht wahr. Siegellack befindet sich hier in diesem Kästchen. Sollte er verbraucht sein, wirst du dir in Caesarea leicht neuen beschaffen können. Nun zeig deine Hand, nicht wahr . . . nein, die linke . . . die vom Herzen . . .«

Daniel streckte ihm die Hand entgegen, Acilius steckte den Siegelring auf den Ringfinger und begutachtete ihn: »Er passt. – Oder nicht?«

Daniel nickte nur. Sprechen konnte er nicht, so sehr war er angerührt von diesem Vertrauenserweis des Chefs. Er betrachtete den Ring und wurde sich plötzlich der Größe seines Auftrags bewusst: Heim ins Land der Väter! Aber als Bevollmächtigter des Großkaufmanns

Acilius Rufus – und somit als Vertreter Roms! Es war erst wenige Jahre her, dass man ihn und die Schwester als Sklaven nach Italien gebracht hatte.

»Erweise dich seiner würdig!«

»Ich . . . ich werde es.« Daniel schluckte leer.

Sogar Acilius war gerührt und musste mehrmals hüsteln, um wieder Gewalt über seine Stimme zu bekommen. Dann umarmte er Daniel sehr heftig, küsste ihn auf die rechte und linke Wange und schloss die Unterredung ab: »Ich gehe davon aus, nicht wahr, dass du heute Abend noch deine Mutter aufsuchen wirst, um einige . . . äh . . . also einige Dinge von Bedeutung mit ihr zu besprechen. So geh denn hin, nicht wahr. Grüße sie von mir, ja! Sie wird dich ja morgen in der Frühe zusammen mit uns zum Hafen von Ostia begleiten.«

Daniel verbeugte sich angemessen, dankte noch einmal für das Vertrauen und verließ zusammen mit Pilesar den Raum.

III

Wenig später klopfte es an Daniels Zimmertür. Fast im gleichen Augenblick kam seine Schwester herein und fragte: »Nimmst du mich mit?«

»Wohin? Nach Caesarea?«

»Unsinn! Zu Mutter!«

»Gern.«

Esther betrachtete ihren Bruder eine Weile und sagte: »Man könnte dich durchaus für einen Achtzehnjährigen halten.«

»Fein. Dann richte dich danach!« Er grinste herausfordernd.

Sie ging nicht drauf ein. Die bevorstehende Trennung vom Zwillingsbruder machte ihr zu schaffen. Die Erlebnisse der letzten Jahre hatten den Bruder früher erwachsen werden lassen. Dabei waren sie beide sechzehn, genauer sechzehneinhalb.

Daniel ging zum Fenster und warf einen Blick auf den Innenhof. Die Sklaven waren fast fertig mit dem Zusammenbau der mechanischen Teile des Reisewagens. Leise sagte er: »Schade . . .«

»Was? – Ist was mit dem Wagen?«

»Nein. Ich meine, dass du nicht mitkommst.«

»Aber Daniel! Du weißt doch, dass das nicht möglich ist.«

Wieder nickte er nur. Schon vor Wochen hatte Marcus Acilius Rufus, in Absprache mit Lea, der Mutter, allen Angehörigen des Acilischen Hauses die Verlobung seines einzigen Sohnes Titus mit Esther bekannt gegeben. Es war mit vollem Einverständnis Esthers geschehen. Schon seit langem wusste Daniel, dass Titus sich in die Schwester unsterblich verliebt hatte. Und sie?

Zum ersten Mal fragte er sie ganz offen: »Liebst du ihn?«

»Titus?«

»Wen sonst?«

Sie zögerte einen Augenblick. Die barsche Gegenfrage zeigte ihr, dass der Bruder immer noch eifersüchtig war. Sachlich erklärte sie: »Titus ist nicht mehr der dumme Junge, den wir einst kennen gelernt haben. Er ist erwachsen geworden.«

»Gut. Aber ich fragte, ob du ihn liebst!«

»Ich mag ihn, ja.«

»Mögen? Mehr nicht?«

»Aber Daniel . . .« Sie ging zu ihm hin, umarmte ihn und strich ihm über die Wange. »Es ist nun einmal Sitte, dass die Eltern Ausschau danach halten, wer für ihren Sohn, ihre Tochter wohl der geeignetste Ehepartner sein könnte.« Sie hob die Stimme: »Ja, meinst du denn, unsere Eltern hätten die Wahl gehabt, als deren Väter und Mütter sie zusammengegeben haben?! Du weißt genau, dass es überall auf der Welt so üblich ist. Und die Ehe unserer Eltern war vorbildlich!«

Er nickte schweigend.

»Außerdem« – sie zwinkerte lebhaft – »ist es ganz im Sinne von Mutter. Nach den schrecklichen Zeiten, die wir alle durchgemacht haben, ist es wichtig für sie, zu wissen, dass ich für die Zukunft abgesichert bin.«

»Gut. Aber Mutter wird dir keine Aussteuer mitgeben können. Ich meine damit eine Ausstattung, die deiner Herkunft angemessen wäre.«

»Du weißt, dass das in diesem Fall nicht nötig ist.«

Obwohl Daniel die Antwort kannte, fragte er: »Wieso?«

»Weil Acilius und Domitia keinen Wert darauf legen.«

»Wirklich nicht?« Seine Stimme klang heftig. Der Schmerz darüber, dass seine Familie im Jüdischen Krieg alles verloren hatte, saß tief. Er schwieg eine Weile. Als er aber ihrem Gesicht ansah, dass sie eine Antwort erwartete, sagte er endlich: »Du hast ja Recht. Allerdings . . .«

»Ja?«

»Nun, dann . . . dann werden sich unsere Wege trennen.«

Ihre Augen funkelten, als sie rief: »Bist du etwa immer noch eifersüchtig?«

»Unsinn! Damit hat das nichts, aber auch gar nichts zu tun.«

»Was dann?«

»Nun . . . Vielleicht bist du dir dessen überhaupt noch nicht bewusst . . . aber es ist doch so: Du wirst eine Römerin werden!«

»Niemals, Daniel! Ich bin und bleibe eine Jüdin!«

»Glaubst du das wirklich? Du wirst Kinder haben . . . Willst du sie etwa nach jüdischen Vorstellungen erziehen? Da möchte ich aber Domitia, deine zukünftige Schwiegermutter, sehen! Sie wird schon ein Auge darauf haben, dass die Kinder ihres Titus Römer werden!«

Sie wussten beide, dass sie sich in eine Situation geredet hatten, die ihrer nicht würdig war. Und das einen Tag vor Daniels Aufbruch nach Caesarea!

Dennoch! Esther konnte das, was Daniel gesagt hatte, nicht unwidersprochen hingehen lassen.

»Du«, rief sie leidenschaftlich, »du hast doch wohl am allerwenigsten das Recht, so mit mir zu reden! Trittst du doch in Iudaea als der förmliche Vertreter des römischen Großkaufmanns Acilius Rufus auf! Und das mit allen Konsequenzen! Niemand, der nicht deine wahre Herkunft kennt, wird dich für einen Juden halten! Du wirst für alle *der Römer* sein! Und du kannst nichts dagegen machen! Also möchte ich dich bitten, mich nicht mit Vorwürfen zu kränken. Du könntest sie genauso gut gegen dich selbst richten.«

Doch Daniel parierte auf der Stelle: »Du weiß genau, warum ich nach Caesarea gehe: Der gesamte Besitz unserer Familie ist durch den großen Krieg abhanden gekommen. Wenn überhaupt, dann kann ich nur dort, im Lande unserer Väter, herausfinden, ob an den verschiedenen Plätzen noch die Gebäude stehen und ob das Land bewirtschaftet wird.«

»Aber sicher wird es das!«, rief Esther. »Wir hatten den besten Boden! Und Wasser! Gutes Wasser! Wahrscheinlich ist alles in römischen Besitz übergegangen und wird nun von Privatleuten bewirtschaftet.«

»Nicht unbedingt!«, wandte er ein. »Es kann auch an Pächter weitergegeben worden sein.«

»An Pächter? Und was bedeutet das?«

»In diesem Fall bestehen nicht die geringsten Aussichten, die Gebäude und das Land zurückzubekommen. Diese Leute sind durch die römischen Gesetze abgesichert. Anders sähe es freilich aus, wenn die Ländereien in Staatsbesitz übergegangen sind. Dann können wir versuchen herauszufinden, ob eine Rückgabe wenigstens von Teilen möglich ist. Immerhin hat der Kaiser selbst nach Fürsprache seines Sohnes Titus unserem Onkel Flavius Iosephus dessen gesamte Ländereien zurückgegeben. Und wir – ich meine dich und mich – können in die Waagschale werfen, dass wir in zwei Fällen dazu beigetragen haben, die Betrügereien korrupter römischer Offiziere aufzudecken, die sich an der Kriegsbeute bereichert hatten.[*] In diesem Zusammenhang ist auch das gute Verhältnis, ja die Freundschaft unserer Mutter zur Obersten Vestalin Cornelia von großer Bedeutung, denn die *Vestalis Maxima* hat das Ohr des Kaisers!«

»Abwarten!«, sagte sie nüchtern.

Und er: »Es gibt noch einen zweiten, wichtigen Grund: Nur im Lande selbst kann ich versuchen etwas über den Verbleib unseres Vaters und Bruders herauszufinden. Bitte, vergiss das nicht!«

Esther nickte langsam, schwieg aber.

Daniel seufzte und sagte: »Du hast sicherlich Recht, Schwester . . .«

Das klang freilich so, als ob noch ein unausgesprochenes »aber« folgte, so dass Esther aufmerkte: »Aber Daniel, hier geht es doch nicht um Recht! Es geht um meine Zukunft!«

---

[*] Vgl. ›Daniel und Esther – Allein in Rom‹ und ›Daniel und Esther – Das Geheimnis der Vestalin‹

»In Ordnung. Aber ich bleibe dabei: Dann wirst du zur Römerin werden.«

»Wohl kaum. Ich bin und bleibe Jüdin. Selbst wenn ich das volle römische Bürgerrecht erhielte, was mir freilich als Freigelassener nicht zusteht.«

»Na gut. Und was sagt Titus dazu?«

»Er ist sehr verständnisvoll und hat nichts dagegen, wenn wir nach jüdischem Ritus verheiratet würden.«

»Bleibt es bei dem Termin im nächsten Frühjahr?«

»Ich denke, ja.«

»Wirst du mich einladen?«

»Aber sicher.« Sie strahlte ihn an. »Du bist mir doch das Liebste auf der Welt.«

»Du auch.«

Sie umarmten sich, dann gingen sie nach unten.

Titus, der endlich einmal mit dem Vater unter vier Augen sprechen wollte, betrat das Kontor des Vaters.

Acilius blickte von einer Warenliste kurz hoch und sagte ungeduldig: »Du kommst ungelegen, mein Sohn, ja! Höchst unge... Diese Warenliste muss noch heute ... nicht wahr ...«

»Vater!«

»Nun, was ist, mein Junge?«

»Ich muss mit dir reden.«

»Aha. Das tust du doch schon. Sprich!«

»Du bleibst also bei deinem Entschluss?«

Acilius schaute ihn an. »Meinst du, dass du nicht mit nach Caesarea reist?«

33

»Genau. Die sind doch nur . . . ich meine: Das sind doch viel zu wenig Leute! Wie wollen sie das denn alles bewältigen?«

»Es sind die fähigsten Leute, die ich habe!«

»Aber zu wenige!«

»Keineswegs. Daniel wiegt zwei auf, nicht wahr. Und auch an Pilesar schätze ich besonders, dass er . . .«

»Er könnte dir hier nützlicher sein!«

»Keineswegs. Er ist, ebenso wie Daniel, der richtige Mann, nicht wahr, am richtigen Ort, ja. Was aber dich betrifft . . .« Er lächelte seinem Sohn ermunternd zu. »Du bist hier unabkömmlich, ja! Denn du wirst von nun an alles, was hier geschieht, alles, was hereinkommt und hinausgeht, auf das Gründlichste kontrollieren. Du wirst dich darum kümmern, dass die Männer korrekt ihre Arbeit tun. Denn du wirst dereinst, nicht wahr, so die Götter mich noch bis dahin am Leben erhalten, mein alleiniger Nachfolger werden. Also hast du Erfahrung zu sammeln. Wie sagt doch schon der Dichter: ›*Utrumque casum aspicere debet, qui imperat – Erfolg und Fehlschlag muss, wer herrscht, berechnen!*‹ Ein wahres, nicht wahr, ein kluges Wort! Halte dich daran! Immer!«

Acilius wandte sich zum Haus und Titus folgte ihm.

»Im Übrigen«, fuhr der Vater im Gehen fort, »bist du ja ohnehin nicht abkömmlich, nicht wahr. Immerhin steht im Frühjahr ein bedeutendes Ereignis ins Haus, bei dem du eine wichtige Rolle spielst. Du verstehst?«

»Ich verstehe.«

IV

Irgendwann waren – endlich! – alle Dinge gesichtet, ausgewählt, gebündelt und verpackt, und darüber war der Tag zur Neige gegangen. Gegen Ende der zwölften Stunde machten sich Daniel und Esther auf den Weg zu ihrer Mutter.

Lea wohnte nun schon seit fast einem Jahr am oberen Ende des Clivus Scauri, nur hundert Schritt entfernt von der riesigen Anlage des *Templum Divi Claudii*, dem Tempel des Vergöttlichten Claudius. Noch näher war es zur *Porta Querquetulana*, dem Eichentor. Von dort erreichte man auf kürzestem Weg die großen Ausfallstraßen, die Rom fächerförmig nach Nordosten, Osten und Süden verließen: die Via Praenestina, Via Labicana, Via Latina, Via Appia und die Via Ostiensis. In unmittelbarer Nähe des Hauses verlief, auf der gegenüberliegenden Seite der Straße, die *Aqua Claudia*, die große Wasserleitung, die schon von Caligula begonnen und von Kaiser Claudius vor einundzwanzig Jahren beendet worden war. Nero hatte in seinem gigantischen neuen Palast, der *Domus Aurea*, dem Goldenen Haus, damit die zahlreichen Wasserspiele inner- und außerhalb des Palastes bewässern lassen.

Dass Lea es sich leisten konnte, in dieser vornehmen Gegend zu wohnen, verdankte sie Flavius Iosephus. Er zahlte nicht nur den verlangten Preis, sondern stellte Lea zusätzlich eine größere Summe baren Geldes zur Verfügung. Allerdings bestand Lea darauf, dies als rückzahl-pflichtige Schuld zu betrachten. Zu gegebener Zeit – denn sie glaubte fest daran, irgendwann einen Teil ihres Besitzes zurückzuerhalten – werde sie diese Schuld abtragen.

Da das Haus am oberen Ende des Clivus Scauri auf der Höhe des Caeliushügels lag, waren Daniel und Esther ziemlich außer Atem, als sie es erreichten. Es dämmerte bereits. Wie alle Anwesen hier oben hatte das Haus keine Fenster zur Straße. Licht und Luft erhielten die Räume vom Atrium, dem Innenhof. Und anders als in den Straßen der Innenstadt war es hier auch tagsüber still. Der Caelius galt als eines der vornehmsten Wohnviertel der Stadt.

Lea kam ihnen im Atrium entgegen. Sie strahlte. »Wie schön, dass ihr beide Zeit habt! Es gibt noch so viel zu besprechen! Habt ihr schon zu Abend gegessen?«

»Nein.«

»Fein. Ich habe nämlich etwas vorbereitet.«

»Aber Mutter!«, rief Daniel. »Wir sind nicht zum Essen gekommen!«

»Sag das nicht. Ein junger Mann in deinem Alter hat immer Hunger. Und wenn ich dich so ansehe ... Wer weiß, wie du dich in Caesarea ernähren wirst. Du musst mir versprechen, in den ersten Tagen, solange du noch keinen Koch hast, regelmäßig in einer Gaststätte zu essen. Versprich es!«

»Ich verspreche es.«

»Gut. – Hach!«, seufzte sie. »Wenn ich das nur kontrollieren könnte! Doch nun kommt.«

»In die Küche?«, fragte Esther.

»Nein. Ins Tablinum!«

Obwohl hier alle Hebräisch miteinander sprachen,
hatte sie das lateinische Wort *tablinum* benutzt. Überhaupt war sie, nachdem sie nun schon ein ganzes Jahr in
Rom lebte, imstande sich mit jedem Römer gut zu ver-
ständigen, ja sie gebrauchte hin und wieder sogar Wör-
ter und Wendungen aus dem Dialekt des einfachen Volkes, die sie aufgeschnappt hatte. Ihre Kinder hatten
diese Sprachbegabung geerbt. Nur hin und wieder sahen sich Esther oder Daniel genötigt, offensichtliche
Fehler freundlich zu verbessern.

Im Tablinum war alles vorbereitet für das Mahl. Auf
dem Tisch stand ein siebenarmiger Leuchter mit Kerzen, außerdem sorgten mehrere Öllampen von den
Wänden für angemessenes Licht. Der ganze Raum war
anheimelnd vom weichen Strahlen der vielen Flämm-
chen erleuchtet. Natürlich waren alle Speisen nach jüdischer Sitte koscher zubereitet. Es gab kein Schweine-
fleisch. Stattdessen verschiedene, raffiniert zubereitete
Gerichte mit Hähnchen-, Fasan- und Lammfleisch.

Nach dem Essen wurde die bevorstehende Veränderung im Zusammenleben der Familie ausführlich und
lange besprochen.

Lea sah ihren Sohn an und sagte: »Ich hoffe inständig,
Daniel, dass es dir gelingen möge, Nachricht über den
Verbleib von Vater und Absalom zu bekommen.«

»Mutter«, erklärte er ernst, »allein dieser Wunsch treibt mich, diese Reise überhaupt anzutreten.«

»Bist du sicher?«, fragte Esther, und es war Daniel nicht ganz klar, wie die Frage gemeint war. Trug sie ihm etwa einiges von dem nach, was er ihr im Gespräch auf seinem Zimmer gesagt hatte?

Lea, die spürte, dass sich zwischen den beiden eine gewisse Spannung aufgebaut hatte, kam einer Antwort Daniels zuvor und fuhr fort: »Ich bin überzeugt, dass euer Bruder Absalom noch am Leben ist.«

Da die beiden schwiegen, fuhr sie fort: »Wisst ihr, Absalom ist ein Mensch, der nie aufgibt! Er war und ist immer hartnäckig, wenn er ein bestimmtes Ziel anstrebt.« Sie sah Daniel lächelnd an. »Das bist du auch, Daniel, sonst hättest du es nicht so weit gebracht. Nur . . . Du bist ernster, zurückhaltender, vielleicht auch stolzer. Absalom ist draufgängerischer. Ihr habt beide eure Qualitäten. Eine Mutter darf das sagen, denn ich habe euch gleichermaßen lieb. Es wäre ja schlimm, wenn alle Kinder gleich wären.«

Daniel sagte dazu nichts. Sie hatte Recht. Das war auch einer der Gründe, warum er den älteren Bruder immer bewundert hatte.

Also sagte er ergänzend: »Darum hat er ja auch in unserer Armee eine steile Karriere gemacht!«

Lea nickte. »Ja, Vater war stolz auf ihn. Immerhin hat er schon in jungen Jahren einen Rang erreicht, den man gewöhnlich erst mit Mitte dreißig bekommt. Als Oberst hatte er das Kommando über fast tausend Soldaten!«

Daniel nickte. Die Römer nannten einen solchen Offizier *tribunus militum*, Militärtribun.

»An ihm«, sagte er, »hat es bestimmt nicht gelegen, dass wir den Krieg verloren haben.«

»An Vater auch nicht!«, stellte Esther fest.

»Natürlich nicht! Die römischen Armeen waren uns haushoch überlegen. Sie hatten bei weitem mehr Soldaten und Belagerungsmaschinen, denen auf dem ganzen Erdkreis nichts gewachsen ist.«

Lea seufzte.

»Was ist, Mutter?«, fragte Esther besorgt.

»Ach, ich versuche mir immer wieder vorzustellen, wo Vater und Absalom sein könnten. Ich will nicht glauben, dass sie Vater in die Sklaverei geschleppt haben.«

Daniel wechselte mit der Schwester einen Blick, sie dachten dasselbe: Eine solche Rücksichtnahme war den römischen Siegern fremd; sie hatten sogar den obersten Befehlshaber während des Triumphzugs vor drei Jahren dem römischen Volk vorgeführt. Er war mit faulem Obst und Eiern beworfen, geschlagen und bespuckt worden!

Um Lea aus ihren düsteren Gedanken zu reißen, erklärte Daniel: »Ich werde in Caesarea und anderswo alles versuchen, um etwas über den Verbleib von Vater und Absalom zu erfahren. Er hat als hoher Offizier, der eine Teilarmee befehligte, bei den Kämpfen in Jerusalem in vorderster Linie gestanden. Es muss Menschen geben, die etwas über sein weiteres Schicksal wissen.«

»Ja, das denke ich auch«, sagte Lea. »Ich habe dir eine Namenliste erstellt. Hier . . .«

Sie reichte ihm ein Papyrusblatt, auf dem die Namen von zwölf Personen beziehungsweise Familien notiert waren. Die meisten davon kannte Daniel persönlich.

»Das ist gut«, sagte er. »Das wird eine große Hilfe sein.«

»Ich hoffe es«, sagte sie.

Daniel strich zärtlich über ihre Hand und versprach alles in seiner Macht Stehende zu versuchen. Dann wechselte er das Thema: »Mutter, nehmen wir einmal an, wir bekämen eines unserer Güter zurück . . . Würdest du dann heimkehren nach Iudaea?«

Lea überlegte eine Weile, ehe sie leise antwortete: »Wenn Vater noch lebt, dann ist das überhaupt keine Frage. Aber im andern Fall . . .«

Sie schaute ihre Zwillinge an, die ernst auf die Tischplatte starrten, und fügte hinzu: »Es ist doch völlig offen, ob wir jemals einen Teil unseres Besitzes zurückerhalten werden. Etwa das Gut in Galilaea . . . oder das Stadthaus in Jerusalem? Das wäre unvorstellbar schön – es hätte aber keine Bedeutung im Vergleich zu Vater und Absalom! Außerdem ist nicht entschieden, ob du, Daniel, in Caesarea bleiben wirst oder ob du in die Hauptstadt zurückkehrst. Esther aber wird ohnehin hier in Rom bleiben. Wir sollten das alles in einem halben Jahr noch einmal in Ruhe besprechen. Jetzt ist es dafür zu früh.«

Daniel und Esther nickten. Eine halbe Stunde später kehrten sie ins Argiletum zurück.

V

Schon kurz nach Sonnenaufgang setzte sich am nächsten Morgen der Reisewagen in Bewegung. In der geräumigen Kabine saßen Daniel, Esther, Lea, Acilius, Domitia und Titus. Um das zu ermöglichen, hatte man einige klobige Gepäckstücke, die zunächst auf der Rückbank platziert worden waren, wieder herausgenommen und sie auf einem flachen Transportwagen deponiert, mit dem sonst Kisten, Körbe, Fässer und Säcke zwischen dem Lager am Tiber und dem Handelshaus im Argiletum bewegt wurden. Auf der Ladefläche war noch reichlich Platz für die drei Sklaven aus dem Lager sowie für Philon, Theokritos und Pilesar. Daniel hätte es zwar lieber gesehen, wenn der Syrer mit in der Kabine gefahren wäre, aber der Platz reichte nicht.

Beide Fahrzeuge wurden von Maultieren gezogen, der flache Wagen von zweien, der schwerere Reisewagen von vieren. Nachdem sie die Porta Esquilina passiert hatten, fielen die Tiere ganz von selbst in einen leichten Trab, denn die plane Pflasterung der Straßen lud dazu geradezu ein. Der Kutscher musste sie eher zurückhalten als anspornen, zumal es an mehreren Stellen bergab ging, bis sie die Via Ostiensis erreichten, die in der Ebene des Tibers parallel und fast auf gleicher Höhe zum Fluss verlief.

Was Daniel befürchtet hatte, trat ein: Zu viert redeten

seine Mitfahrer auf ihn ein und versorgten ihn mit Rat-
schlägen.

Domitia: »Das Wichtigste ist ein guter Schlaf, Daniel.
Er ist die beste Medizin. Nicht nur bei Müdigkeit, sondern eigentlich gegen alles. Denn Schlaflosigkeit macht
lustlos, matt, ja sogar krank! Ich spreche aus Erfahrung.«

Daniel nickte.

Lea: »Daniel, mein Junge! Versprich mir, dass du regelmäßig isst! Besonders, solange noch keine Köchin im
Hause ist. Versprich es mir!«

Er nickte.

Acilius: »Du und Pilesar, nicht wahr, ihr müsst durchaus ein höchst wachsames – was sage ich: ein scharfes,
nicht wahr, ein äußerst scharfes Auge auf alle Unterge-
benen werfen! Auf alle! Besonders aber auf jene, die ihr
noch einstellen werdet! Besonders auf diese, ja! Wie sagte doch schon unser kluger, erfahrener Publilius Syrus,
nicht wahr: ›Famulator dominus, ubi timet, quibus imperat – Der Herr, der vor dem Diener bangt, wird Sklave.‹ Wie wahr, nicht wahr! Sehr wahr, ja! Denke daran,
nicht wahr! Immer!«

Daniel machte zu Acilius hin die Andeutung einer
Verbeugung.

Und Esther: »Lass dich nicht so leicht aus der Ruhe
bringen. Wie sagst du doch immer selbst: ›Denk daran!
Es wird überall mit Wasser gekocht.‹«

»Ja, das weiß ich.« Er nickte erneut.

Titus aber, der wie Daniel diese Salven von Ermahnungen nicht ausstehen konnte, legte ihm die Hand auf den Oberarm und sagte nur: »Schreib mal!« Er zwinkerte ihm zu, was wohl so viel hieß wie: Lass sie nur! Sie meinen es gut.

Nach einer halben Meile* bog ihr Wagen rechts ab. Wenige Augenblicke später erreichten sie den großen Kai, der sich schier endlos am Ufer des Tibers entlangzog. Er war breiter und länger als der des römischen Binnenhafens beim Emporion. Auch die Kräne waren hier höher, die Lagerhallen gewaltiger und die Zahl der Angestellten und Sklaven, die im Auftrag ihrer Herren unterwegs waren, größer.

In einiger Entfernung vom Kai ankerten an die fünfzig größere und kleinere Handelsschiffe auf dem offenen Meer. Ihre Segel waren gerefft. Von Jahr zu Jahr versandete der eigentliche Hafen immer mehr; die schwer beladenen Schiffskörper konnten es wegen ihres Tiefgangs nicht mehr wagen, bis in die Nähe der Kais zu fahren. Sie würden aufgrund laufen. Es gab schon seit langem den Vorschlag von Fachleuten, einen neuen, größeren Hafen zu bauen, doch die Pläne befanden sich noch im Entwurfsstadium.

Titus beugte sich vor und wies zum Meer hin: »Schau, da drüben ist euer Schiff, der dritte Segler, links! Wenn wir näher ran sind, kannst du am Bug das Füllhorn erkennen.«

»Also die Fortuna!«, rief Daniel.

---

* Siehe Maße im Anhang

»*Certo* – sicher.«

»Hoffentlich macht sie ihrem Namen alle Ehre!«

Und Acilius: »Darauf kannst du dich verlassen! Mein bestes Schiff! Mit der schnellsten Mannschaft und dem erfahrensten Kapitän. Iamblichos kennt das Mittlere Meer wie seinen Brustbeutel! – Ah, da vorne ist er! Wir werden erwartet.«

Ein bärtiger Mann löste sich aus einer Gruppe von Männern und gab dem Kutscher durch Handzeichen zu verstehen, bis zu ihm vorzufahren.

Das geschah.

Als der Wagen stand, trat Iamblichos zur Tür und half den Frauen beim Aussteigen, während die jungen Leute von der obersten Stufe auf den Boden sprangen.

»Alles in Ordnung?«, fragte Acilius.

»Sicher«, sagte Iamblichos und strich sich über den dunklen Bart, der schon von Silberfäden durchzogen wurde. »Der Wind steht sehr gut. Ein frischer Nordwest. Wenn er sich hält, sind wir in sieben Tagen in Caesarea.«

»Ausgezeichnet!«, lobte Acilius und es klang, als ob der günstige Wind auf das Konto von Iamblichos ginge.

Die übrigen Männer gehörten zur Mannschaft. Sie standen bereit, die zahlreichen Gepäckstücke in dem flachen Kahn zu verstauen, der unterhalb der Kaimauer in den leichten Wellen schaukelte. Unverzüglich machten sie sich an die Arbeit. Segovax, Cingetorix und Ioannes halfen dabei.

Dann ging alles sehr schnell. Lea nahm ihren Sohn beiseite, umarmte ihn lange, strich ihm über die Wange und musste plötzlich husten, denn sie war sichtlich bemüht ihre Abschiedstränen zurückzuhalten. Es gelang ihr nicht.

»Ich werde jeden Abend zum Herrn beten, er möge dich auf all deinen Wegen beschützen. Hier...« Sie hielt plötzlich eine kleine Buchrolle in der Hand. »Lies darin, wenn du einmal Sorgen hast. Es wird helfen.«

»Was ist das?«, fragte Daniel erstaunt.

»Die Psalmen Davids.«

Daniel war gerührt. Er küsste die Mutter auf Wangen und Mund und umarmte sie noch einmal.

Dann stand Esther vor ihm. Auch sie hatte ein Geschenk. Sie legte ihm einen wunderbar weichen, dunkelroten Schal um.

»Hast du den selbst gemacht?«, fragte er.

»Ja. Ein sehr feines Gewebe. Wie du weißt, kann es im Winter in Iudaea sehr kalt werden. Dann musst du ihn anziehen!«

Er drückte sie fest an sich. Leise sagte er: »Es ist das erste Mal, dass wir für lange Zeit getrennt werden.«

»Ja, aber es ist nicht für immer.« Sie bemühte sich zu lächeln, obwohl ihr nicht danach zumute war.

Titus trat neben sie und legte seinen Arm um ihre Schultern. Auch er hatte Schwierigkeiten, gelassen zu bleiben. Er räusperte sich, dann reichte er Daniel die Hand, sah ihm in die Augen und sagte: »Pass auf dich auf!«

»Sicher. Und du pass auf sie auf!« Er wies auf die Schwester.

»Natürlich.« Titus nickte.

Acilius trat vor Daniel und breitete die Arme aus. »Also dann, nicht wahr . . . Es, äh, es wird Zeit, ja! Ihr müsst diesen Wind nutzen!«

Es entging Daniel und Pilesar nicht, dass die Augen des Chefs feucht wurden. Er rettete sich in einen Spruch des Publilius: »Wie doch schon der Dichter wusste: ›*Quidquid conaris, quo pervenias, cogites! – Was du auch unternimmst, bedenk das Ende!*‹ Sehr wahr, ja!«

Dann riss er Daniel heftig an sich und umarmte ihn.

Iamblichos war schon unten im Boot und winkte Daniel und Pilesar energisch zu, sie sollten endlich einsteigen.

Sie leisteten unverzüglich Folge und nahmen auf der Bank am Heck Platz. Sofort legten sich die Matrosen in die Riemen. Das Boot nahm schnell Fahrt auf und näherte sich dem dritten der links ankernden Frachter. Daniel erkannte am Bug das Füllhorn Fortunas. Früchte und Ähren quollen daraus hervor, in leuchtenden Farben bemalt.

Daniel drehte sich um. Die Gestalten am Kai wurden immer kleiner. Alle winkten. Daniel schluckte. Das Abenteuer hatte begonnen. Wann würde er alle wiedersehen?

VI

Der Wind blies beständig aus Nordwest und nahm in den nächsten Tagen noch an Stärke zu, so dass Daniel und Pilesar befürchteten, er könne sich zum Sturm auswachsen. Doch Pausanias, der *gubernator* und somit Steuermann der Fortuna, beruhigte sie: »Ich kenne das . . .« Er spuckte über die Reling. »Für einen unberechenbaren Sturm ist es in dieser Jahreszeit noch zu früh. Sie setzen meist im November, Dezember ein, können dann aber sehr gefährlich werden. Darum fährt kein vernünftiger Seemann im Winter.«

So erreichten sie schon am dritten Tag Messina, wo sie über Nacht im sicheren Hafen ankerten. Am Horizont grüßte der Ätna mit einer weißen Rauchfahne, die parallel zum Wind in großer Höhe nach Südosten driftete, bis sie sich schließlich auflöste.

Am vierten Tag begann der gefährlichste Teil der Reise, denn nun galt es, das offene Meer zwischen der Südspitze Siziliens und der Küste Nordafrikas zu überqueren. Alle Reeder und Schiffsführer fürchteten diese Strecke. Falls es jetzt zu einer dramatischen Verschlechterung des Wetters kam, war kein rettender Hafen in der Nähe. Kapitän und Mannschaft wären dann ganz auf ihr Können, die Seetüchtigkeit des Schiffes und das Wohlwollen Neptuns angewiesen.

Doch der Nordwest blieb stabil und machte keine Anstalten, sich in einen Sturm zu wandeln. Auch die

Windrichtung änderte sich nicht. So erreichten sie schon am Nachmittag des übernächsten Tages die Küste der Cyrenaica, segelten aber bis zum Abend in Nähe der Küste weiter nach Osten.

Im Hafen von Alexandria nahmen sie frisches Wasser und Obst an Bord. Schon vor Sonnenaufgang stieß die Fortuna wieder in See.

In der Morgendämmerung des übernächsten Tages passierten sie Joppe, zwei Stunden später Apollonia, zwei Küstenstädte Palästinas.

Dank des guten Windes entdeckten sie bereits gegen Mittag an der Küste Caesarea. Als Erstes kam der große Leuchtturm in Sicht, dann, ganz allmählich, wuchs die Stadt selbst über den Horizont. Sie lag auf dem erhöhten Terrain des Festlandes. Im rechten Winkel von der Stadt ausgehend war eine Mauer eine halbe Meile weit ins Meer gebaut worden. Sie wurde in regelmäßigen Abständen von wehrhaften Türmen gesichert. An ihrem Sockel brachen sich die Wellen.

Nun wurde es lebendig an Bord. Die Fortuna näherte sich der Mauer, die am äußersten Punkt nach Norden abknickte, fuhr nun parallel zur Befestigung, bis der Leuchtturm erreicht war.

Längst hatte Iamblichos Befehl gegeben, die Fläche des Hauptsegels zu verkleinern. Das Schiff wurde langsamer.

»Ruder hart Steuerbord!«, rief der Kapitän.

»Ruder hart Steuerbord!«, wiederholte der Gubernator und führte den Befehl aus, wobei er den Blick nicht von der Mauer nahm. Der verminderte Winddruck reichte gerade aus, den Rumpf in einer Drehung von hundertachtzig Grad um den Turm herumzuführen. Langsam glitt das schwere Schiff in die schmale Einfahrt und ins große, innere Hafenbecken. An die fünfzig Frachter lagen mit gerefften Segeln an den Kais, sicher vertäut. Blitzschnell orientierte Pausanias sich, suchte und fand in der Nähe eine freie Anlegestelle und nutzte den allerletzten Schwung der Fortuna, den Liegeplatz sicher zu erreichen ohne den Rumpf hart gegen die Kaimauer prallen zu lassen.

Daniel und Pilesar verfolgten dieses Manöver gespannt und ihr Respekt vor dem seemännischen Können des Gubernators stieg gewaltig.

»Hier herrscht fast so ein Getriebe wie in Ostia«, meinte Pilesar und Daniel nickte stumm, denn er dachte an anderes: Vor ihm lag das Land seiner Väter! Früher, als er es noch vor einem Jahr zu hoffen gewagt hatte, kehrte er nun zurück. Er spürte, wie ihm ein Schauer über den Rücken lief.

Pilesar hatte Recht. Doch war hier alles übersichtlicher, weil das Hafenbecken auf allen vier Seiten von den Kais eingefasst wurde. Das Becken wurde von zwei Molen geteilt, die fast bis zur Mitte reichten. Der äußere Hafen, in dem auch ihr Schiff ankerte, war fast quadratisch, das innere Becken hinter den beiden Molen hatte eine unregelmäßige Form. Wahrscheinlich war es der Rest des alten Hafens.

An den Innenseiten der Mauern reihte sich eine Lagerhalle an die andere. Sie waren alle nach dem gleichen Schema gebaut und unterschieden sich nicht in Größe, Höhe und Breite. Daniel stellte sich schon vor, dass eine davon in Kürze die Güter der Firma MARCUS ACILIUS RUFUS – MERCES IMPORTANDAE ET EXPORTANDAE* beherbergen könnte. Seine Fantasie ging mit ihm durch: Man müsste ein schönes Bronzeschild gießen lassen; noch besser wäre es, vergoldete, breite Bronzebuchstaben auf einer makellosen Marmorplatte anbringen zu lassen.

Iamblichos, der neben ihn getreten war, riss ihn aus seinen Gedanken: »Wisst ihr eigentlich schon, wo ihr wohnen werdet?«

»Wie? – Nein.« Daniel spürte plötzlich eine tiefe Heimatlosigkeit. Was würden die nächsten Wochen bringen? Er zwang sich gelassen zu antworten: »Vielleicht kannst du uns einen Tipp geben, Iamblichos.«

»Hm.« Der Kapitän strich sich über den Bart. »Ich gehe mal davon aus, dass ihr es ruhig haben wollt – oder?«

»Das ist richtig.«

»Also, dann würde ich auf keinen Fall eine der Herbergen in der Nähe des Hafens nehmen. Sind zu laut, zu dreckig und im Übrigen auch zu teuer. Und das Essen könnt ihr vergessen.«

Pilesar trat dazu und meinte: »Da gab es doch früher in der Innenstadt einen Gasthof mit dem Namen ... Warte! Da waren zwei ›a‹ drin ...«

---

* Einzuführende und auszuführende Güter bzw. Waren

50

»Zwei ›a‹?« Iamblichos überlegte. »Meinst du vielleicht diesen: ›Zum Goldenen Hahn‹? Entschuldige, ich meine natürlich ›*Ad Gallum Aureum*‹.«

Da sie bisher Griechisch miteinander gesprochen hatten, musste er ins Lateinische wechseln, um den römischen Namen mit den beiden ›a‹ korrekt zu nennen.

»Genau den!«, nickte Pilesar. »Hat mir damals gut gefallen. Gibt's den noch?«

»Sicher. Den wollte auch ich euch gerade empfehlen. Gute Küche! Freundliches Personal! Vor allem gute Betten! – Wirst du ihn wiederfinden? Oder soll ich . . .?«

Daniel hob die Hand. »Danke, nicht nötig. Pilesar kennt die Stadt gut.«

Der Syrer nickte und registrierte, dass Daniel sich offenbar in der Rolle des Chefs übte.

»In Ordnung«, brummte Iamblichos. »Solltet eure Leute gleich mitnehmen. Wegen der Zimmer. Dann können sie zurückkommen und das Gepäck holen. Wahrscheinlich stellt euch der Wirt einen Eselkarren zur Verfügung.«

»Wie heißt der Mann?«, wollte Daniel wissen. Seine Stimme klang eine Spur zu souverän.

»Musonius, Gaius Musonius Rufus. Sehr zuverlässig! Und was in diesem Gewerbe sehr selten ist: ein ehrlicher Mann! – Allerdings . . .«

»Ja?«

»Er hat viel zu tragen.« Iamblichos grinste.

»Wie bitte?«

Iamblichos schmunzelte. »Ich meine, er hat zu viele Pfunde auf den Knochen.«

Längst hatten sich alle Sklaven, die aus Rom mitgekommen waren, neben und hinter ihren beiden Vorgesetzten versammelt und warteten auf deren Befehle.

»Herhören!«, rief Daniel und musterte sie der Reihe nach. »Wir gehen jetzt gemeinsam zu unserem vorläufigen Quartier. Das Gasthaus heißt ›Zum Goldenen Hahn‹. Pilesar kennt es. Prägt euch den Weg gut ein, denn anschließend werdet ihr zurückkehren und das gesamte Gepäck holen!«

Cingetorix grinste und sagte leise zu seinem Landsmann Segovax: »Er ist schon ganz der Chef!«

Während Segovax dazu schwieg, fuhr prompt Philons Hand zum Ohr und er fragte seinen Kollegen: »Was hat er gesagt?«

»Wer?«

»Der Chef!«

Und Theokritos: »Wir sollen das Gepäck holen.«

»Das Gepäck, aha. Aber das ist doch schon hier.«

»Wo?«

»Auf dem Schiff!«

»Eben. Wir sollen es dann hier abholen.«

»Wer? Wir beide?«

»Nein. Alle!«

»Aha. Aber dann müssen wir doch erst weggehen!«

»Sicher.«

»Wieso sicher? Das ist doch Unsinn. Warum sollen wir denn erst weggehen und dann wiederkommen?«

»Weil . . .« Theokritos presste die Lippen aufeinander und blickte Hilfe suchend zum Himmel. Dann rief er: »Merke dir: Wer nicht weggeht, kommt nie wieder!«

»He . . .?« Philon riss die Augen weit auf, schluckte und suchte die wahre Bedeutung dieses doch sehr eindeutigen Satzes in Theokritos' Gesicht abzulesen. Vergebens. »Na, dann eben nicht . . .«

Daniel nutzte die Pause und erklärte nicht ohne Schärfe: »Es reicht!«

Während Iamblichos, Pausanias und die umstehenden Sklaven kaum an sich halten konnten und bereits feixten, murmelte Philon etwas wie: »*›Miserrimum est arbitrio alterius vivere – Wer andrer Laune tragen muss, lebt kläglich‹* – ja!« Und laut: »Theokritos . . .?«

»Sehr korrekt, ja. Denn ich kann's kaum noch ertragen.«

Daniel, der den Spruch des Publilius sehr wohl gehört und verstanden hatte, konterte auf der Stelle: »*›Minus saepe pecces, si scias, quid nescias – Wer weiß, was er nicht weiß, macht weniger Fehler!‹* Auf denn!«

VII

Der Gasthof ›Zum Goldenen Hahn‹ erwies sich als eine günstige Wahl. Er lag im Osten der Stadt in unmittelbarer Nähe des dortigen Stadttors. Bis zu den Lagerhallen beim Hafen war es weniger als eine halbe Meile. Die Herberge nahm fast eine ganze *insula* für sich in Anspruch: Vier Gebäudetrakte gruppierten sich um den großen, luftigen Innenhof. Wie in einem römischen Stadthaus war er an allen vier Seiten von einer Schatten spendenden Halle umgeben. In der Mitte plätscherte ein Brunnen, sein Wasser fiel in ein rundes steinernes Becken. Aus seiner Kindheit wusste Daniel, dass so verschwenderischer Umgang mit Wasser in diesem Lande immer das Zeichen von Wohlhabenheit, ja Reichtum war. Also mussten die Geschäfte dieses Hauses sehr gut gehen.

Eine Treppe führte zum Obergeschoss, wo ebenfalls ein überdachter Gang die Sonne abhielt. Sowohl unten wie oben erreichte man vom Gang aus die zahlreichen Räume des Hauses. Und wer wollte, konnte sich über eine weitere Treppe aufs flache Dach begeben. Das taten viele Gäste am Abend, wenn nach der Hitze des Tages ein leichter Wind vom Meer her etwas Kühle brachte. Alle Mauern und Wände waren leuchtend weiß gestrichen, um die Hitze der heißesten Stunden des Tages zu reflektieren.

Durch das große, offen stehende Tor betraten sieben Gestalten den Innenhof: Daniel, Pilesar, Philon, Theokritos, Segovax, Cingetorix und Ioannes. Da sie nicht wie die meisten Gäste nach Landessitte mit dem langen Burnus gekleidet waren, blickten einige, die unter dem Dach des Schatten spendenden Gangs saßen, neugierig auf und tuschelten miteinander. Wahrscheinlich stellten sie Vermutungen darüber an, woher die Neuankömmlinge kamen und welchen Beruf sie ausübten. Daniel tat, als ob er die aufdringliche Neugier nicht bemerkte.

Laut und mit scharfer Stimme rief er: »Ist denn niemand hier? Wo ist der Wirt?«

Er wollte schon Theokritos ins Innere des Hauses schicken, als sich von dort Schritte näherten. Der schnelle, ja ungemein flinke Gang stand in auffälligem Gegensatz zur körperlichen Beschaffenheit des Mannes: Er war groß, sehr beleibt, nannte wie Acilius ein dreifaches Kinn sein eigen und ruderte beim Gehen mit den Armen, als ob ihm das hülfe das Gleichgewicht zu bewahren. Die Neuankömmlinge wechselten Blicke. Das konnte nur der von Iamblichos beschriebene Chef des Hauses sein: Gaius Musonius Rufus!

Er blieb unvermittelt vor ihnen stehen, lächelte aus seinen kleinen Äuglein, hob die Hände und rief geradezu begeistert: »Welch eine Freud'he! Welch übergroße Freud'he! Gäst'he aus Rom'he! Aus Rom'he!«

Seine Verbeugung war ebenso flink wie sein Gang. »Mit wem'he habe ich die Ehr'he?«

Daniel stellte sich und Pilesar vor und erklärte, dass er und seine Begleitung für eine unbestimmte Zeit in diesem Haus Quartier zu nehmen gedächten.

»Für unbestimmt'he Zeit'he? Edle Herren, könnt'he ihr das vielleicht'he etwas genauer umreißen?«

Und Daniel gab zurück: »Nun, Musonius, das hängt davon ab, wann wir in der Stadt ein geeignetes Grundstück mit Haus erwerben können.«

»Ein Grundstück mit Haus'he? Oh, das wird'he sicherlich'he zu machen sein'he! Zwar nicht einfach'he,
aber durchaus'he zu machen! Nichtsdestotrotz'he kann
ich'he davon ausgehen, dass ihr'he einige Zeit . . .?«

»*Ita'st*«, sagte Daniel. Seine Stimme klang sicherer, als
ihm zumute war. Er schaute unauffällig zu Pilesar hinüber und der nickte fast unmerklich, als wollte er sagen:
Keine Sorge, wir werden schon einen guten Platz für das
Kontor finden. Einmal mehr war Daniel froh, die große
Aufgabe, die vor ihm lag, nicht allein bewältigen zu
müssen. Es war gut, den klugen, erfahrenen Syrer an seiner Seite zu wissen.

Der Wirt klatschte in die Hände. Sofort eilten zwei
Sklaven herbei und erwarteten die Befehle ihres Herrn.

Musonius rief: »Zimmer für diese edlen Herren aus'he
Rom und ihr'he Gefolge!«

»Wie viele?«, fragte einer der beiden.

»Wie viele?« Musonius wandte sich mit einer leichten
Verbeugung an Daniel: »Wie viele, Herr?«

Pilesar lächelte fein: Der Wirt sah und respektierte bereits in Daniel, dem Jüngeren, den Herrn. Das war gut
so.

Und dieser, knapp: »Eins für mich, eins für Pilesar,
zwei Doppel- und ein Einzelzimmer für unsere Leute.
Sie müssen sich allerdings einigen, wer das Einzelzimmer bekommt.«

Prompt fuhr Philons Hand zum Ohr: »Was hat er
gesagt?«

Und Theokritos: »Wer das Einzelzimmer bekommt.«

»Aha. Welches Einzelzimmer?«

»Das eine von uns bekommt.«

»Natürlich ich!«

»Wieso denn das?«

»Einer von uns, hast du gesagt, und wir sind zwei.«

»Beim Hercules! Ich meinte uns alle.« Er wies auf Segovax, Cingetorix und Ioannes.

»Hat er das gesagt?« Philon meinte Daniel.

»Eigentlich nicht. Er sagte: ›Unsere Leute‹.«

»So? – Dann kann er nur uns beide genannt haben. Wir sind seine Leute. Schon immer, nicht wahr, schon seit meiner Geburt bin ich seine Leute. Und da ich schlecht höre, steht das Einzelzimmer mir zu! Du schnarchst nämlich!«

»Wie bitte? Das kannst du doch gar nicht hören!«

»Ich höre es. Immer! Überall! Sogar vor der Tür auf dem Gang und im Dunkeln! Schrecklich!«

Staunend war Musonius diesem irren Dialog gefolgt, wobei er abwechselnd und offenen Mundes von einem zum andern Sprecher blickte. Die beiden Briten und Ioannes feixten und erwarteten eine scharfe Zurechtweisung durch Daniel. Doch dieser stieß Pilesar an, seufzte und bat: »Mach du es diesmal!«

»Aber gern.« Pilesar baute sich vor Philon auf, stemmte die Arme in die Hüfte, fixierte ihn scharf und rief mit unerwarteter Schärfe: »Phi-lon!«

»Hier!«

»Es reicht! Das Einzelzimmer bekommt Ioannes! Hast du mich verstanden?«

»Nein.« Das war neu. Bei Daniel hätte er sich das nicht herausgenommen.

»Das macht überhaupt nichts. Theokritos wird es dir erklären.«

Philon aber murmelte: »*Nil proprium ducas, quidquid mutari potest – Betrachte nicht als dein, was wechseln kann.* Wie wahr! Wie ungeheuer wahr, ja!«

Und Daniel darauf: »Diesmal stimme ich dir voll und ganz zu, Philon. Du teilst also dein Zimmer mit Theokritos! V'standen?«

Philon nickte ergeben, bewegte aber stumm die Lippen, um die üblichen Flüche und Verwünschungen loszuwerden.

Daniel übersah und überhörte das. Er bat den Wirt um einen Wagen, um das Gepäck vom Schiff holen zu lassen. Musonius schickte sofort die beiden Sklaven los, um Karren und Esel zu holen. Dann beugte er sich zu Daniel und fragte leise, doch sehr besorgt: »Verzeih'he, Herr, wenn ich das frage: Ist'he . . . ist'he dieser Mann äh . . . ist er nicht ganz'he richtig im Kopf?«

»Keineswegs, Musonius. Er hält sich nur vorübergehend für schwerhörig, nur vorübergehend . . .«

»Ach'he! Vorübergehend'he, sagst du?«

»*Ita'st.* Das legt sich wieder.«

»Wirklich?«

»Sicher.«

»Eine seltsame Krankheit'he.«

»Durchaus, ja.«

Den Rest des Tages verbrachten Daniel, Pilesar und

ihre Leute damit, sich in ihren Zimmern häuslich einzurichten. Die Räume befanden sich im Obergeschoss des Hauses, so dass von der Straße, die ohnehin nicht sehr laut war, keine störenden Geräusche bis hierher drangen.

Mehrmals erkundigte sich Musonius Rufus bei Daniel und Pilesar, ob sie mit allem zufrieden seien, ob sie noch Wünsche hätten und was sie am Abend zu speisen gedächten. Die erste Frage bejahten, die zweite verneinten sie, doch die dritte konnten sie nicht beantworten, weil in diesem Augenblick ein Bote von Iamblichos erschien, der Daniel und Pilesar zu einem Essen einlud.

Daniel, der damit gerechnet hatte, fragte nach der Lokalität.

Und der Bote: »Um euch langes Suchen zu ersparen, schlägt der *magister navis* den ›Hahn‹ vor. Falls ihr einverstanden seid.«

»Gern«, sagte Daniel, der wie Pilesar wenig Lust hatte, sich am Abend in der fremden Stadt auf die Suche nach einem bestimmten Lokal zu begeben.

»Und wann?«, fragte Pilesar.

»Nach Sonnenuntergang, Herr. Falls es euch genehm ist.«

Der Wirt, der dabeistand, rieb sich gut gelaunt die Hände. »Das trifft sich gut, edle Herren. Denn heute Abend gibt es eine Spezialität des Hauses: Fasan in Senfsoße!«

Daniel und Pilesar wechselten einen Blick: Das gleiche Gericht stand im ›Siebengestirn‹ an erster Stelle der

Speisekarte, und das ›Siebengestirn‹ galt als bestes Speiselokal im Argiletum zu Rom.

»Einverstanden.«

Unverzüglich machte sich der Wirt auf den Weg zur Küche, um mit seinem Koch die notwendigen Vorbereitungen zu treffen.

VIII

Dieses Abendessen blieb allen Beteiligten in angenehmer Erinnerung. Im besten Speisezimmer des Hauses lagen Daniel, Pilesar, Iamblichos und Pausanias zu Tisch; die fünf römischen Sklaven wurden in einem anderen, bescheidener ausgestatteten Raum bewirtet, auch ihre Speisen waren weniger raffiniert, dafür deftiger und die Portionen größer. Musonius, der längst überschlagen hatte, dass er durch die unerwarteten Gäste aus Rom in den nächsten Wochen mehr als auf seine Kosten kommen würde, ließ sich nicht lumpen und tischte hervorragende Weine aus Italien auf. Auch der Fasan war mindestens so gut wie jener, den Fabius im »Siebengestirn« zubereitete.

Es ging schon auf Mitternacht, als sich Iamblichos und Pausanias auf den Rückweg zu ihrem Schiff machten und Daniel und Pilesar ihre Zimmer aufsuchten.

Daniel lag auf seinem Bett und starrte auf den kaum

sichtbaren Lichtstreifen an der Decke, der vom Fenster
kam und sich allmählich verlor. Die Vorhänge waren
nicht ganz zugezogen. Wahrscheinlich kam das Licht
von einer Laterne im Innenhof. Wenn der Vorhang sich
leicht in einem Luftzug bewegte, veränderte auch der
Streifen seine Gestalt, wurde breiter oder schmaler, bis
er für eine Weile wieder seine ursprüngliche Form annahm. Dann wiederholte sich das Spiel.

Die Nachtluft war angenehm kühl. Aber vielleicht
wäre es besser, das Fenster zu schließen, denn gegen
Morgen konnte es so kalt werden. Er stand auf, schloss
die Fensterflügel – ihre quadratischen Felder waren ver-
glast – und warf einen Blick in den Innenhof. Schräg unter ihm hing die Nachtlaterne an kunstvoll geschmiede-
tem Haken an einer Säule des Umgangs. Es war
vollkommen still. Das große Tor zur Straße war jetzt geschlossen. Wahrscheinlich wurde es von einem großen
Hund bewacht.

Da dieses Haus auf höherem Terrain lag als die Häu-
ser in der Nähe des Hafens, konnte er über den fernen
Dächern die Spitze des Leuchtturms sehen. Mit großer
Kraft strahlte das Leuchtfeuer sein Licht ab. Es war so
stark, dass es in der Nähe schmerzhaft die Augen blen-
den würde. Wahrscheinlich wurde seine Intensität
durch große Metallspiegel verstärkt.

Er legte sich wieder aufs Bett, machte es sich unter der
Decke bequem und schloss die Augen. Doch der Schlaf
wollte nicht kommen. Alle möglichen Bilder schossen
ihm in schnellem Wechsel durch den Kopf. Er sah sich

an Bord der Fortuna, hörte die Kommandos von Iamblichos und die stereotype Wiederholung der Befehle durch den Gubernator Pausanias. Dann war er in Rom, seine Mutter schaute ihn an, dann seine Schwester, beide wünschten ihm alles Gute ... Acilius Rufus, wie er ihm den kostbaren Siegelring reichte, er hörte seine Stimme: ›Du wirst mit ihm auch alle Geschäftsbriefe, die du an uns richtest, siegeln. So wissen wir immer, dass sie von dir stammen, nicht wahr. Siegellack befindet sich hier in diesem Kästchen. Sollte er verbraucht sein, wirst du dir in Caesarea leicht neuen besorgen können. Nun zeig deine Hand, nicht wahr ... nein, die linke ... die vom Herzen ...‹

Er mochte, nein, er liebte Acilius fast wie einen Vater. Sein ewiges Zitieren der Sprüche des Publilius gehörte ebenso zu ihm wie sein stereotypes ›nicht wahr, ja ...‹. Oder seine unnachahmliche Art, wenn er einen Tadel aussprach.

Plötzlich wurde es Daniel überdeutlich, dass es ihm längst unmöglich geworden war, in diesem Römer einen Feind zu sehen. Acilius hatte sich ihm gegenüber stets großmütig und großzügig verhalten. Früh hatte er ihm große Verantwortung übertragen. Eigentlich sogar mehr als seinem eigenen Sohn Titus. Das verpflichtete! Er durfte ihn nicht enttäuschen.

Im gleichen Augenblick schoben sich andere Bilder davor: Das brennende Jerusalem! Die plündernden, mordenden römischen Soldaten! Die Überfahrt auf dem Schiff nach Italien. Die Ankunft in Ostia. Der lange

Fußmarsch nach Rom. Dann der Triumphzug. Die gaffende Volksmenge. Die Demütigung der gefangenen jüdischen Krieger. Man bewarf sie mit Unrat, bespuckte und verfluchte sie.

Entrüstet schüttelte den Kopf, denn nun war er zurück, im Lande seiner Väter, um die Geschäftsinteressen eines römischen Großkaufmanns zu vertreten! Er spürte, wie große Skrupel in ihm hochstiegen, wie er sich fragte, ob das denn überhaupt mit rechten Dingen zuging. Wie konnte er seinen Landsleuten gegenübertreten, wie mit ihnen Geschäfte abschließen ohne sich als Verräter an seinem Volk zu sehen? Sie würden sehr bald merken, dass er von Geburt Jude war! Er sah die grenzenlose Verachtung in ihren Gesichtern. Sie wurden immer mehr und sie riefen im Chor: ›Verräter! Verräter! Verräter!‹ Und dann begannen sie ihn zu steinigen.

Schweißgebadet fuhr er in die Höhe. Schlug die Decke zurück. Fuhr sich über die Augen. Atmete schwer. Zitterte. Stand auf. Stolperte zum Fenster. Schaute in den Innenhof, zur Laterne. Dann zum Leuchtturm. Gleichmäßig strahlte sein gleißendes Licht übers Meer. Nichts hatte sich verändert.

Er zwang sich zu klaren Gedanken. Sicher, er war nun ganz auf sich allein gestellt. Er trug die Verantwortung, nicht Pilesar. Von ihm würde Acilius Rechenschaft fordern, von niemandem sonst. Aber er war aus eigenem Entschluss hier. Niemand hatte ihn dazu gezwungen. Vor zwei Jahren, als er nach Rom kam, war alles anders. Man hatte ihm und der Schwester jegliche Freiheit genommen, auf Gedeih und Verderb waren sie fremden Menschen ausgeliefert, die ihre Herren waren und mit ihnen tun und lassen konnten, was sie wollten. Nun aber war er frei und Herr seiner eigenen Entschlüsse. Mehr noch: Er war der Herr von fünf Sklaven.

So stand er noch eine ganze Weile, schaute nur in die Weite, schaute jetzt ohne zu denken. Das tat gut. Denn das, was er sah, legte sich über die schweren Gedanken. Er atmete tief durch, ging zurück zum Lager und legte sich hin.

Und tatsächlich schlief er auf der Stelle ein. Kein Traum störte seinen Schlaf.

IX

Die nächsten Tage und Wochen waren prall gefüllt mit Arbeit und Daniel war fast dankbar dafür, dass ihm nur wenig Zeit zum Nachdenken und Grübeln blieb. Schon nach wenigen Tagen war im Gasthof ein provisorisches Kontor eingerichtet, Theokritos und Philon hatten Schreibpulte, Tinte und Papyrus besorgt, die wichtigsten Unterlagen waren eingeräumt. Aber noch immer war das dringendste Problem nicht gelöst: der neue Standort für die zu gründende Niederlassung. Daniel hatte die Worte des Wirtes vom ›Goldenen Hahn‹ noch gut im Ohr, dass es nicht leicht sein würde, eine passende Immobilie zu finden, und es handelte sich um eine Entscheidung von großer Tragweite.

Schließlich erhielten sie Hilfe von einer überraschenden Seite. Bei ihrem Antrittsbesuch bei dem Kaufmann Matthias ben Jaïr, der sie gastfreundlich aufnahm, kam das Gespräch natürlich auf das zu kaufende Anwesen. Sie hatten überaus gut gespeist, als Matthias sie schließlich fragte, welche Schritte sie der Reihe nach zu unternähmen gedächten.

Nachdem Daniel mit Unterstützung Pilesars kurz skizziert hatte, wie ihre Lage aussah, blickte Matthias sie nachdenklich an. Nach einer kurzen Pause begann er: »Nun, es gibt in der Tat einige Immobilien, die in letzter Zeit zum Kauf angeboten wurden. Doch nur eines dieser Angebote dürfte für euch von Interesse sein.«

Als er Daniels und Pilesars fragende Blicke sah, fuhr er fort: »Es handelt sich dabei nämlich um einen Betrieb, der dem meinen oder dem des Acilius Rufus durchaus sehr ähnlich ist. Besser müsste ich sagen: *war*.«

»Warum?«, fragte Daniel. »Ist ein Unglück geschehen?«

»Nein, nein. Aber der Besitzer hat sich schon vor einem Jahr aus dem Geschäft zurückgezogen.«

»Warum?«, wiederholte Daniel, der bereits befürchtete, die starke Konkurrenz anderer Kaufleute sei der Grund dafür.

»Nun«, fuhr Matthias fort, »weil er ein alter Mann ist. Amynthas ist vierundsiebzig. Und er hat keinen Sohn. Er ist kinderlos. Und Verwandte gibt es nicht.«

»Amynthas?«, fragte Pilesar. »Das ist doch kein jüdischer Name! Auch kein griechischer!«

»Richtig. Amynthas stammt aus einer alten makedonischen Familie. Sein Urahn war Soldat in der Armee Alexanders des Großen und ist damals hier hängen geblieben, als der Makedonenkönig auf dem Weg nach Ägypten war. Wahrscheinlich war der Mann verwundet und wollte sich hier auskurieren. Wie auch immer, er blieb hier, heiratete und zeugte Nachkommen. Diese wiederum wandten sich vom Soldatenhandwerk ab und widmeten sich dem Handel.«

Der Betrieb des Amynthas, fuhr Matthias fort, sei jahrzehntelang der größte und erfolgreichste in Caesarea gewesen – bis Amynthas zu kränkeln begann; und da er keinen Sohn oder nahen Verwandten als seinen Stellvertreter habe einsetzen können, seien die Geschäfte von Jahr zu Jahr zurückgegangen.

»Er hat mir schon einige Male das Angebot gemacht, ihm seinen Betrieb abzukaufen«, sagte Matthias.

Pilesar fragte direkt: »Du hast es nicht getan. Warum nicht?«

»Weil die Größe meiner eigenen Großhandlung schon bisweilen meine Kräfte überfordert. Nein, nein, ich habe genug zu tun und schöpfe reichlich Gewinn ab. Mehr brauche ich nicht.« Matthias fügte lächelnd hinzu: »In Rom würde ich mich wahrscheinlich anders verhalten.«

»Das glaube ich kaum«, entgegnete Daniel ernst. »Aber leider gibt es zu wenige Menschen deiner Art,

66

welche die Grenze dessen, was sie für richtig erachten, klar erkennen und danach leben und handeln.«

Und Matthias darauf, nach kurzer Pause: »Ich sehe, ihr habt mich verstanden.« Dann kam er zum Thema zurück: »Die Sache hat nur einen Haken, wenn ich es einmal so nennen darf . . .«

»Welchen?«, fragte Daniel.

»Nun, wer auch immer den Komplex erwerben will, kann es nur unter einer Bedingung: Die noch in den Lagern vorhandenen Waren müssen ebenso wie der größte Teil des unfreien Personals übernommen werden. Er, ich meine Amynthas, hat nämlich aus verständlichen Gründen keine Verwendung mehr für diese Leute. Es liegt also bei euch, ob ihr gewillt seid auf diese Bedingungen einzugehen.«

Daniel zwang sich zu einem geschäftsmäßig ruhigen Ton, als er antwortete: »Ich meine, wir sollten uns erst ein Bild von allem machen und uns die Sklaven ansehen. Vielleicht ist das alles für uns genau das Richtige.«

»So sehe ich das auch«, nickte Matthias. »Wenn es euch denn recht ist, werde ich gleich morgen versuchen ein Treffen mit Amynthas zu vereinbaren.«

»Das ist sehr freundlich von dir, Matthias«, sagte Daniel. In seinem Kopf begannen die Gedanken zu schwirren: Was würde das Anwesen kosten? Würde es seinen Vorstellungen entsprechen? Waren die Sklaven gesund und bei Kräften?

Matthias schloss: »Ich schicke noch heute Abend einen Boten in eure Herberge.«

Bereits drei Tage später kam es zu einer Besichtigung des anvisierten Betriebes. Matthias hatte das Treffen mit Amynthas organisiert und sich bereit erklärt Daniel zu begleiten. Dieser wiederum hatte Pilesar mitgenommen, denn eine Entscheidung von dieser Tragweite wollte und konnte er nicht ohne das erfahrene Auge des Syrers treffen.

Sie wurden erwartet. Amynthas hatte einen seiner Leute vor dem Haupttor postiert. Der Mann verbeugte sich tief und bat die Ankömmlinge ihm ins Innere zu folgen.

Sie schauten sich um. In Anlage, Größe und Höhe entsprachen die Gebäude denen von Matthias ben Jaïrs Kontor. Nur sah man deutlich, dass sie schon seit längerer Zeit nicht mehr geschäftlich genutzt wurden. Zwischen den Steinplatten des Innenhofes wucherten hier und da Gräser und Kräuter. Sie waren zwar kurz gehalten, schossen aber schon wieder in die Höhe. Dafür waren die Fenster klar und sauber. Alle funktionalen Teile waren in Ordnung, keine Tür hing schief in den Angeln, die Fenster waren fest verschlossen, kein verwahrlostes Gerümpel lag herum. Der Platz war sauber.

Die Tür des Hauptgebäudes öffnete sich. Heraus kam ein groß gewachsener, hagerer Mann. Das schüttere silberweiße Haar war kurz gehalten und nach vorne gekämmt. Kinn und Wangen wurden gerahmt von einem gepflegten, akkurat gestutzten Bart, ebenfalls weiß. Wohlgeformt die Nase, schmal und sehr fein, mit einem leichten Knick im oberen Bereich. Die Augen grau mit hellblauen Einsprengseln. Tiefe senkrechte Falten zwischen den Brauen sowie rechts und links des Mundes gaben dem Gesicht eine gewisse Schärfe, doch war der Gesamteindruck im Augenblick freundlich, denn Amynthas lächelte liebenswürdig.

Matthias ben Jaïr stellte »die Römer« vor und Amynthas neigte bei jedem Namen höflich den Kopf.

»Ich habe«, begann er mit kerniger Stimme, die das R rollte und gut zu seinem Gesicht passte, »ich habe von Matthias alles Wichtige erfahren. Ihr seid auf der Suche nach einem Grundstück mit allem, was man zum Betreiben einer Handelsniederlassung braucht. Und ihr habt wohl von Matthias gehört, dass ich aus verschiedenen Gründen, worunter mein fortgeschrittenes Alter eine gewisse Rolle spielt, den Betrieb – wenn nicht schließen, so doch in andere Hände übergeben möchte. Es wird euch nicht entgangen sein, dass ich zurzeit nur mit halber Kraft fahre, wenn man das so sagen kann.«

Er sah abwechselnd Daniel und Pilesar an, und Daniel sagte: »Das ist richtig, Amynthas, Matthias hat uns davon berichtet.«

»Nun wohl denn . . .« Er fuhr mit der Hand über die Weite des Hofes. »Ich denke, es ist das Beste, wenn ihr euch zunächst einmal umschaut, denn ihr wollt und müsst euch ja einen Eindruck verschaffen. Ich bitte euch mir zu folgen.«

Er sprach das Hebräische fast rein. Wahrscheinlich hatte er von Matthias erfahren, dass Daniel, obwohl Jude, derjenige war, der im Auftrag des römischen Großkaufmanns Acilius Rufus nach Caesarea geschickt worden war, um hier eine Zweigniederlassung des Handelshauses aufzubauen. Also war es ein Akt der Höflichkeit, mit Daniel in dessen Muttersprache zu reden. Wahrscheinlich sprach er neben dem Griechischen auch Latein fließend.

Amynthas führte die Besucher in alle Gebäude, zeigte ihnen jeden Raum, jede Kammer, stieg mit ihnen auf die Obergeschosse der Speicher und in die Keller, wies besonders auf die gute Qualität der Fenster, Türen und Tore hin, ebenso auf den tadellosen Zustand der Flachdächer und der Ziegel der Giebeldächer über den Lagerhallen. Fast überall war hier Zedernholz verbaut worden. Und so viel verstand Daniel davon, dass dieses Holz das teuerste und beste war, denn es behielt lange seine Stärke und trotzte vielen Schadinsekten.

Dann kam das mechanische Gerät an die Reihe. Den Karren, Wagen und Kutschen sah man zwar an, dass sie gebraucht waren, doch ihr Zustand hielt jeder Kritik stand. Selbst die Lederteile waren geschmeidig und ihr Glanz verriet, dass sie konsequent gepflegt worden waren.

Die Regale in den verschiedenen Räumen waren fast halb voll. Die noch vorhandenen Waren – Stoffe aus Wolle, Leinen und Baumwolle, einige kostbare Seidentücher, Kräuter, Aromen, Öle, Arzneien, Parfüms – waren durchweg in gläsernen oder tönernen Gefäßen luftdicht verschlossen aufbewahrt worden, so dass ein

Großteil von ihnen bestimmt noch in den Handel gebracht werden konnten.

Im Stall standen nur noch zwei Maultiere und ein Pferd. Die übrigen Boxen waren leer.

Als Amynthas den fragenden Blick sah, den Daniel Pilesar zuwarf, erklärte er: »Da der Betrieb ja schon seit einigen Jahren nur noch mit halber Kraft gefahren wird, brauchten wir keine acht Maultiere mehr, und auch vier Pferde waren zu viel. Ich habe dieses eine behalten, weil ich gerne hin und wieder einen Ausritt in die Umgebung der Stadt mache.«

Mit Erstaunen registrierte Daniel, dass der Weinkeller gut bestückt war. Doch es war noch reichlich Platz für die Amphoren, die sich an Bord der Fortuna befanden.

»Donnerwetter!«, staunte auch Matthias, der an den Amphoren entlangging und die Beschriftungen zu entziffern suchte. »Lauter Weine aus Italien! Sogar Falerner.«

»Nun«, erklärte Amynthas, »die hier in der Gegend stationierten römischen Einheiten bevorzugen nun einmal ihren eigenen Wein.«

»Kaufen sie denn direkt bei dir?«, wollte Pilesar wissen.

»Nein, nein, ich beliefere einige Wirte in der Stadt.«

»Auch den Musonius Rufus vom ›Goldenen Hahn‹?«

»Nein, den nicht. Aber den Marcus Antonius im ›Ewigen Rom‹.«

Daniel wollte es genau wissen: »Welchen Wein lieferst du dem Marcus Antonius?«

»Ach, einen preiswerten italischen Landwein. Sie ziehen ihn den hiesigen Sorten vor. Wahrscheinlich sind sie gerührt, da sie wohl in Italien einen ähnlichen trinken.«

»Und den Falerner? Hast du ihn immer im Angebot?«

»Ja, eigentlich immer. Keine große Menge, aber gerade genug, um die Wünsche einiger Kunden zufrieden zu stellen. Hier müssten noch ...« – Amynthas zählte stumm die in den Boden eingelassenen großen Tongefäße – »ja, das sind noch zwanzig Amphoren. Wobei ich euch durchaus empfehle einige in kleinere Krüge umzufüllen. Manchen Kunden ist so eine Amphore zu groß und zu teuer. Sie kaufen dann lieber hin und wieder eine kleinere Menge. Ihr kommt dabei gewiss voll auf eure Kosten! Im Übrigen kommt es natürlich immer auf den Jahrgang an.«

Amynthas ließ sich Zeit, denn ganz offensichtlich legte er großen Wert darauf, den Kaufinteressenten wirklich auch noch den letzten Winkel zu zeigen.

Als sie endlich über den Hof zurück und zum Eingang des Kontors gingen, blieb er stehen und fragte höflich: »Falls die Herren noch Fragen haben ... oder falls ihr noch etwas sehen möchtet ...«

»Danke, Amynthas!«, sagte Daniel. »Alles, was für uns wichtig ist, haben wir gesehen. Und es gefällt uns! Nicht wahr, Pilesar?«

»Durchaus, ja ...« Seinem Blick war freilich anzusehen, dass er das Kaufobjekt nicht zu sehr loben wollte; das konnte den Preis in die Höhe treiben.

»Dann darf ich euch hereinbitten.« Der Hausherr machte eine einladende Handbewegung, ging dann aber selbst voraus, da sie den Weg ja nicht kannten.

Drinnen kam Amynthas unverzüglich zur Sache: »Was nun die Übernahme des Betriebs betrifft, so ist das natürlich zuvorderst eine Sache des Preises.«

Daniel fixierte ihn gespannt. Welche Summe würde Amynthas nennen?

Amynthas fuhr sich mit der Hand über die Wange, überlegte einen Augenblick und eröffnete ihnen: »Die Lager sind, wie ihr gesehen habt, noch ganz gut gefüllt, doch in Anbetracht der Tatsache, dass der Betrieb schon seit Jahren nicht mehr ausgelastet war, komme ich euch entgegen.« Er sah sie an: »Fünfundsiebzigtausend.«

»Denare?«, fragte Daniel.

»Denare, ja.«

Daniel erhob sich. »Du wirst verstehen, Amynthas, dass ich über dein Angebot nachdenken muss.«

»Selbstverständlich! Bei Geschäften dieser Größenordnung ist es immer gut, vor der Entscheidung eine Nacht zu schlafen. So habe ich's auch immer gehalten.«

»Ich werde dich morgen über meinen Entschluss in Kenntnis setzen.«

»Gut. Also bis morgen!«

Damit war das Gespräch fürs Erste beendet. Man erhob sich, verabschiedete und trennte sich.

Innerlich frohlockte Daniel. Er sah sich bereits im Chefkontor auf dem Stuhl von Amynthas sitzen, stellte sich vor, wie es war, wenn der Führer einer Handels-

karawane aus Arabien ihm gegenübersaß und seine Angebote machte. Der Betrieb mit allem Drum und Dran
war – er konnte es beurteilen – ein einmaliger Glücksfall. Auch Acilius Rufus hätte zugegriffen.

Daniel war sehr wohl in der Lage, den Wert der Gebäude, der Sklaven und der noch vorhandenen Waren
und Güter zu taxieren. Allein für das Grundstück in
zentraler Lage hätte man in Rom mindestens das Zehn-
fache zahlen müssen, von den gut erhaltenen Baulich-
keiten ganz zu schweigen. Pilesar war ganz seiner Meinung und bestärkte Daniel in seinem Entschluss, den
Betrieb zu dem von Amynthas genannten Preis zu kaufen.

Aber da war noch die Frage der Bezahlung. So viel
bares Geld hatten sie nicht zur Verfügung. Außerdem
würden sie einen Teil des Geldes, das Acilius ihnen mitgegeben hatte, für die Restaurierung an und in den Ge-
bäuden brauchen. Und nicht zuletzt mussten sie auch
für die zahlreichen Güter und Waren, die sie bestellen
und in Empfang nehmen würden, geradestehen.

Am Abend dieses Tages ließ sich Matthias ben Jaïr bei
ihm melden und er kam auf der Stelle zu seinem An-
liegen: »Ich gehe wohl recht in der Annahme, dass
ihr – aus den verschiedensten Gründen – die genannte
Kaufsumme nicht auf den Tisch des Amynthas legen
könnt...? Und ein Ratenkauf kommt ja nicht infra-
ge!«

Daniel nickte.

»Nun denn, dann werdet ihr eben genannte die Summe auf einmal bezahlen!«

Daniel wechselte mit Pilesar einen Blick: Acilius hatte Matthias wohl in seinem Brief darum gebeten, bei der Beschaffung eines Darlehens behilflich zu sein.

Matthias schmunzelte: »Ich habe das Geld gleich mitgebracht.«

Es stellte sich heraus, dass er den Betrag, der ja eigentlich in Denaren berechnet war, in Aurii, die größte und wertvollste römische Münze, umgerechnet hatte. Einer seiner Sklaven stellte mehrere Ledersäckchen auf den Tisch.

»Das ist ohnehin einfacher, weil . . . Ich meine, es lässt sich entschieden leichter transportieren. Natürlich nur, wenn du einverstanden bist, Daniel?«

»Aber ja doch!«

Die entsprechenden Abmachungen hatte Matthias bereits schriftlich fixiert und legte den Vertrag in zweifacher Ausführung auf den Tisch. Daniel studierte den Text genau. Noch nicht einmal Zinsen verlangte Matthias. Das war auf den ersten Blick großmütig, doch Daniel wusste, dass der Händler sich damit die Sympathien des Acilius Rufus erhielt.

Das Datum wurde eingesetzt, dann unterschrieben beide mit ihren Namen und drückten ihre Siegel in das noch weiche Wachs, das Theokritos auf die Pergamentbögen geträufelt hatte. Daniel schaute Pilesar an und sein Blick sagte: Es ist das erste Mal, dass ich den Siegelring benutzt habe!

X

Daniel war sehr zufrieden mit dem Lauf der Dinge. Alles hatte sich viel schneller entwickelt, als er es für möglich gehalten hatte. Es war schon eine glückliche Fügung, dass ausgerechnet der Betrieb von Amynthas zum Kauf angeboten wurde. Natürlich war er sich im Klaren darüber, was er Matthias ben Jaïr zu verdanken hatte: Ohne dessen Vermittlung wäre es niemals so schnell zum Erwerb der Immobilie gekommen.

Dennoch ... Mit wachsendem Erfolg wurde Daniel sich seiner Einsamkeit bewusst. Gewiss, er hatte Pilesar, mit dem er über viele Dinge reden konnte, nicht nur über die geschäftlichen. Aber Pilesar war zwanzig Jahre älter als er! Er war nicht nur Syrer, sondern auch Christ. Sie vermieden es zwar, über religiöse Themen zu reden, doch Daniel spürte sehr wohl, dass zwischen ihnen eine unsichtbare Mauer existierte, die sie trennte.

Am meisten fehlte ihm das Gespräch mit der Schwester. In Rom hatten sie sich jeden Abend ausgetauscht, der eine berichtete dem andern, was er den Tag über getrieben, wen er getroffen, über wen er sich geärgert oder gefreut hatte. Bisweilen zog die Schwester ihn auf, wenn er eine Sache zu ernst nahm. Er konnte sich jederzeit ihr helles Lachen in Erinnerung rufen. Doch es war jetzt nicht die Zeit, sentimentalen Erinnerungen nachzuhängen. Er war vor allem hier, um etwas über den Verbleib von Vater und Bruder herauszufinden. Nur deswegen war er losgezogen. Doch bisher fehlte von beiden jede Spur.

Als er an einem dieser stillen Abende noch am Arbeitstisch in seinem Kontor saß und aus dem Fenster über den Hof blickte, kam ihm plötzlich eine Idee: Wenn er sich schon nicht im Gespräch mit Esther austauschen konnte, dann doch in Gedanken!

Er stand auf, ging zu dem großen Schrank an der Rückwand des Raumes, in dem außer losen Papyrusbögen, verschiedenen Tinten und Schreibutensilien auch einige leere Schriftrollen lagen. Eine davon nahm er, ging zum Schreibpult, öffnete die Rolle und spannte die Schreibfläche zwischen die beiden Hölzer, die rechts und links am Pult angebracht waren. Sie verhinderten, dass die Rolle in ihre alte Form zurückglitt. Dann öffnete er das Tintenfass, das am oberen Ende der Platte ins Holz versenkt war, tauchte die Feder ein und schrieb auf die erste Seite:

Tagebuch von Daniel ben Nathan

Und darunter:

Begonnen am fünften Tag vor den Iden des November* *in Caesarea*

Er schrieb zwar Hebräisch, benutzte aber die lateinische Datumsangabe des römischen Kalenders, weil er sich daran in den vergangenen Jahren gewöhnt hatte.

---

* Das ist der 9. November unseres Kalenders.

Dann begann er:

Daniel grüßt seine Schwester Esther.
Zwar sind die Dinge und Ereignisse, die ich hier fest-
halte, schon längst Vergangenheit, wenn du diese Zei-
len liest. Aber du wirst auf diese Weise manches von
Tag zu Tag oder Woche zu Woche verfolgen können.
Das dürfte für dich interessanter sein als der Inhalt
kurzer Briefe, die dich zurzeit – die Schifffahrt ruht
ja bis März – ebenfalls nicht erreichen. Ich werde
allerdings versuchen für dringende Mitteilungen ei-
nen Weg zu finden. Vielleicht geht es mit einem mili-
tärischen Kurierschiff. Ich habe eines im Hafen gese-
hen. Da es sich dabei um eine Triëre* handelt, ist sie
unabhängig vom Wind und bei weitem schneller als
ein normaler Handelssegler.
»Und . . .?«, höre ich dich fragen. »Wie ist es? Fühlst
du dich endlich wieder wie zu Hause?«
Darauf eine Antwort zu geben ist nicht leicht. Sicher,
das Land ist da, seine Berge, seine Ebenen, aber ich
weiß nicht, wie es im Innern Iudaeas aussieht. Viele
Höfe und Dörfer sind zerstört, wie ich gehört habe.
Einige Ruinen kann man schon von der Stadt aus
sehen. Darum habe ich kaum Hoffnung, dass unser
Gutshof unbehelligt aus dem fürchterlichen Krieg
hervorgegangen ist. Irgendwann werde ich ihn selbst
in Augenschein nehmen können. Doch im Augenblick

---

* Eine Triëre wurde gerudert.

ist mir das unbekannte Schicksal Absaloms und unseres Vaters wichtiger. Zerstörte Gebäude kann man wiederherstellen. Aber Menschen? Manchmal komme ich mir wie in einem fremden Land vor. Ich bin überzeugt, wärest du hier, du würdest ähnlich empfinden.

Der Betrieb, den wir erwerben konnten, war für uns und somit für Acilius Rufus ein – man kann es nicht anders sagen: ein Glücksfall. Er ist groß, die Gebäude und Hallen sind in bestem Zustand und die Lager zum Teil noch halb voll. Das hat für uns den Vorteil, dass wir uns nicht überstürzt um die Beschaffung neuer Waren kümmern müssen. Wobei wir zwar anhand der genau geführten Listen des Vorbesitzers die Adressen der bisherigen Lieferanten zur Verfügung haben, aber es ist ja doch offen, ob wir weiterhin davon Gebrauch machen. Es kann ja durchaus sein, dass wir uns nach anderen Quellen umschauen werden. Wie heißt doch der schöne Satz: Konkurrenz belebt das Geschäft. Lediglich die Vorräte an Weihrauch und Myrrhe sind fast völlig aufgebraucht. In Rom muss es in letzter Zeit eine kolossale Nachfrage nach diesen Schätzen Arabiens gegeben haben.

Er las das Geschriebene noch einmal kritisch durch, war aber zufrieden. Dann stand er auf und legte die Rolle in die große Truhe, die außer dem baren Geld des Hauses die wichtigsten Papiere und Urkunden des Unternehmens enthielt, darunter sogar noch ein mittlerweile leicht vergilbtes Pergamentblatt, worauf dem Großvater des Amynthas – er trug den gleichen Namen – per königlichem Dekret der Handel mit Scheichs im südlichen Arabien gestattet wurde. Das Siegel zeigte den König Herodes mit Diadem. Diese Truhe war mit zwei starken Ketten in der Wand verankert, ihr Deckel aus massivem Ebenholz durch zwei Schlösser gesichert. Nur er, Daniel, besaß dazu die Schlüssel.

Nach dem Abendessen, das bis auf weiteres vom ›Goldenen Hahn‹ geliefert wurde, sagte er zu Pilesar: »In den nächsten Tagen müssen wir – beziehungsweise ich – uns mit einigen Dingen beschäftigen . . .«

»Was meinst du?«

»Erstens: Ob es vielleicht doch eine Möglichkeit gibt, Post nach Rom zu schicken. Zweitens: Eine Exkursion über Land ist angesagt! Wir sollten einige der alten Lieferanten aufsuchen, um uns mit ihnen bekannt zu machen und die weiteren Lieferungen festzulegen. Drittens: Dabei sollten wir Augen und Ohren offen halten; vielleicht wirtschaften einige neue Gutsbesitzer auf den Plantagen. Dann müssen doch neue Absprachen getroffen werden!«

»Ja, ich habe auch schon daran gedacht. Wann willst du aufbrechen?«

»Passt dir übermorgen?«

»Gut. Reiten wir?«

»Ja. Das geht schneller und wir sind in bergigem Gelände beweglicher.«

Den vierten Grund, der ihm eigentlich der wichtigste war, hatte er nicht genannt: Er wollte sich an allen Orten, die sie aufsuchten, danach erkundigen, ob man vielleicht etwas über der Verbleib von Nathan, dem Vater, und Absalom, dem Bruder, gehört hatte. Wenn auch Pilesar nichts weiter sagte, so wusste er doch sicher, dass Daniel diese offene Frage keine Ruhe ließ.

Sieben Tage später hielt Daniel in seinem Brieftagebuch fest:

Geschrieben am sechzehnten Tag vor den Kalenden des Dezember.[*]
Daniel grüßt seine liebe Schwester Esther.
Wir – Pilesar und ich – waren einige Tage im Umland unterwegs. Offiziell ging es darum, die Kontakte zu Lieferanten, die schon Amynthas mit Gütern versorgten, zu pflegen. Aber du kannst dir denken, wonach ich eigentlich suchte. Alle Orte, die wir besuchten, standen auf Mutters Liste. Überall habe ich nach Vater und Absalom gefragt. Doch keiner konnte mir helfen.
Bis zu unseren eigenen Besitztümern sind wir nicht gekommen. Es war zu weit bis dorthin. Doch ich habe mir fest vorgenommen, mir möglichst bald Klarheit über den Zustand der Ländereien und Gebäude zu verschaffen. Wir müssen damit rechnen, dass sich dort

---

[*] Es ist der 16. November.

ein Pächter eingerichtet hat. Wenn es so weit ist, werde ich dir darüber berichten.

Ich bin ziemlich verzweifelt, aber ich werde die Hoffnung nicht aufgeben und ich schwöre vor dem Angesicht des Herrn: Ich werde Vater und Absalom finden!

Am nächsten Morgen ließ sich Matthias ben Jaïr kurz blicken. Er wolle nur schauen, ob alles seine Ordnung habe, nicht weiter stören und sich sogleich wieder entfernen. Daniel nutzte die Gelegenheit und fragte den alteingesessenen Bürger der Stadt, ob es nicht eine Gelegenheit gebe, einige Briefe auf den Weg nach Rom zu bringen.

»Tja . . .« Matthias kratzte sich am Kopf. »Das ist schwierig. Handelsschiffe überwintern jetzt im Hafen. Die einzige Möglichkeit wäre . . .«

»Ja?« Daniel merkte auf.

»Die Kommandantur!«

»Welche Kommandantur?«

»An der *Agora**. Dem Tempel des Augustus gegenüber! An der Nordseite des Platzes!«

Er meinte das Gebäude, in dem das römische Militär residierte.

Plötzlich hatte Daniel es sehr eilig. Er entschuldigte sich bei Matthias und machte sich sofort auf den Weg.

---

* Griechisch: Marktplatz

XI

Eintrag in Daniels Tagebuch:

Geschrieben am fünfzehnten Tag vor den Kalenden des Dezember*.
Daniel grüßt seine liebe Schwester Esther.
Weißt du, wen ich heute getroffen habe? Asinius Gallus! Tribun der Vierten Prätorianerkohorte der kaiserlichen Garde in Rom! Du erinnerst dich, vor über drei Jahren hat er uns beide aus den Händen der korrupten Bande befreit. Asinius hat inzwischen eine weitere Stufe auf seiner Karriereleiter nach oben genommen. Er vertritt in Caesarea den römischen Statthalter!
Du kannst dir denken, was mein erster Gedanke war: Ein Mann von solchem Einfluss muss einen Überblick über die politischen Verhältnisse im Land haben. Wer, wenn nicht er, kann wissen, wo Absalom und Vater sich aufhalten!
Doch bevor ich mich traute die Frage zu stellen, die dich, Mutter und mich so sehr bewegt, kam es zu einem sehr interessanten Gespräch mit dem Römer, dessen Schicksal dem unseren überraschend ähnlich ist.
Wie das?, fragst du. Stell dir vor, seine Mutter ist keine Römerin, sondern Jüdin! Ich hätte zu gern mit ihm

---

* Es ist der 17. November.

83

darüber geredet, was das für ihn bedeutet, welche Spannungen es in seiner Familie während des Jüdischen Krieges gegeben hat, ob er noch Besitz in Judaea hat und wie er sich jetzt fühlt. Indes Asinius wehrte ab, gab mir aber folgenden Satz mit auf den Weg, den ich dir möglichst wortgetreu wiedergeben will: An deinem wie an meinem Schicksal erkennst du, dass die jahrhundertealte Trennung ›Hier Rom! Dort die Provinzen!‹ längst nicht mehr den gegebenen Verhältnissen entspricht. Auch dieser große Krieg ändert nichts daran, im Gegenteil. Du und ich – wir sind kein Einzelfall. Das festzustellen wirst du noch reichlich Gelegenheit haben. Gerade in deinem Beruf. Wie ich in dem meinigen. Denn es sind gerade die Händler und die Soldaten, die am meisten dazu beitragen, dass die Menschen näher zusammenrücken. Das mag erstaunlich klingen, aber ich bin sicher, es ist so.

Asinius wandte sich schon zum Gehen, als ich mich endlich traute die alles entscheidende Frage nach Vater und Absalom zu stellen. Er sah mich lange an, bevor er antwortete, er wisse weder den Aufenthaltsort von Vater noch den von Absalom. Er muss meine Enttäuschung gespürt haben und so fuhr er fort: Wenn beide noch lebten, könne er sich denken, wohin sie geflohen seien. Nach Massada!

Der Ort, den schon Herodes zur Festung ausbauen ließ, wird seit Monaten von den Römern belagert. Erfolglos. Keiner weiß genau, wer sich dort oben verschanzt hat. Aber selbst die kleinste Hoffnung ist besser als nichts und eins ist gewiss: *Nur an Ort und Stelle kann ich Klarheit erlangen. Ich muss nach Massada. Und ich werde einen Weg finden!*

XII

In diesen Tagen kamen Daniel und Pilesar kaum zur Ruhe. Sie gingen die vorliegenden Listen mit den Namen und Adressen der Lieferanten durch, von denen Amynthas seine Waren bezogen hatte, und überlegten, ob auch sie davon Gebrauch machen sollten. Für den Anfang war dies wohl das Beste. Erst wenn sie sich gründlich im Lande umgeschaut hatten, konnten sie eine Auswahl treffen und entscheiden, von wem sie welche Produkte beziehen wollten. Für den Anfang war es angebracht, die Kontakte zu Amynthas wie auch zu Matthias ben Jaïr zu nutzen, da beide auf eine jahrzehntelange Erfahrung zurückblicken konnten. Und Matthias sollte für Daniel in noch ganz anderer Weise wichtig werden ...

Als Nächstes musste ein Sklave gekauft werden, der als Koch eingesetzt werden sollte. Zu ihrer Überraschung bot ihnen der Sklavenhändler eine dunkelhäutige Nubierin an, die vom Mittellauf des Nils stammte. Nach ihrem Geburtsort wurde sie einfach Naga genannt, ihr wirklicher Name war für Juden, Griechen und Römer ein Zungenbrecher. Schon bald führte Naga so resolut das Kommando in Haus und Küche, dass alle übrigen Sklaven sie wie eine Amtsperson respektierten.

Als dann die Einladung von Matthias ben Jaïr zu einem Abendessen kam, war es für Daniel und Pilesar angeraten, sich neu einzukleiden, denn sie wollten einen guten Eindruck machen.

Die Sonne stand im Westen schon sehr tief, als zwei vornehm gekleidete Gestalten durch das Tor auf die Straße traten. Der Ältere trug einen dunkelgrünen, mantelähnlichen Umhang, von einer feingliedrigen silbernen Kette auf der rechten Schulter zusammengehalten; darunter schimmerte eine hellgrüne Tunika, die bis zu den Knien reichte. Die Kleidung des Jüngeren entsprach in Schnitt und Sitz vollkommen der des anderen, freilich herrschten hier Blautöne vor: der Umhang war von dunklerem, die Tunika von hellerem Blau. Auch sein Mantel wurde von einer Silberkette zusammengehalten.

Daniel und Pilesar wurden begleitet von Segovax und Cingetorix. Diese Regelung sollte sich auf die Dauer bewähren, denn dafür sprachen zwei Gründe: Beide Briten waren nicht nur groß, sondern verfügten über enorme Körperkräfte, die von einem Dieb oder Räuber kaum zu überwinden waren; außerdem verstanden sie hervorragend mit ihren Waffen – sie trugen Dolche im Gürtel – umzugehen. Zwar war Caesarea im Vergleich zu Rom eine ruhige Kleinstadt, doch auch hier konnte man nicht wissen, ob nicht doch in der

Dunkelheit der Nacht Verbrecher auf der Lauer lagen, um einsame Passanten zu überfallen.

Philon, der angenommen hatte, ihm und Theokritos werde die Ehre der Begleitung ihrer Herren zuteil werden, maulte natürlich vor sich hin und rettete sich am Ende in eine Sentenz des Dichters: »›*Homo semper aliud, fortuna aliud cogitat – Der Mensch denkt immer anders als das Schicksal.*‹ Sehr wahr, nicht wahr! Theokritos?!«

Und dieser: »Wenn du meinst . . .«

»Du denn nicht?«

»Nein, ich denke wie das Schicksal.«

»Ach!«

»*Ita'st.* Und es sagt mir, dass wir uns einen gemütlichen Abend machen. Philon?!«

»Sehr gut. Dann fangen wir gleich damit an. Ich habe noch einen Krug Wein im Zimmer . . .«

Es war ihr Glück, dass die beiden Chefs davon nichts mitbekamen.

Die Begrüßung durch Matthias ben Jaïr war sehr herzlich. Man sah ihm an, wie sehr er sich freute. Sie sprachen Hebräisch miteinander. Dann erschien seine Frau, begleitet von einem vielleicht fünfzehnjährigen Mädchen, wohl die einzige Tochter. Beide ganz in Weiß. Die Mutter gab sich vollkommen natürlich, fragte nach ihrem Befinden und erkundigte sich auch nach dem Stand der Arbeiten in Kontor, Lager und Wohnhaus. Als Pilesar seine Zufriedenheit darüber ausdrückte, meinte sie:

»Dann geht ja alles viel schneller, als ihr es erwartet habt.«

»So ist es, Herrin.«

Und sie: »Bitte, Pilesar, lass die Herrin weg. Ihr seid gute Freunde unseres Hauses! Ich heiße Olympias.«

»Danke, He. . . Ich meine, Olympias.«

Während Olympias die Situation mit einem Lächeln meisterte, spürte Daniel, dass Pilesar sich nach Jahrzehnten als Sklave nicht so leicht in seine neue Rolle einfügen konnte.

Dann wurde Daniel der Tochter vorgestellt, wobei Olympias erklärte: »Dieser junge Mann hat bereits das ganze Vertrauen unseres römischen Geschäftsfreundes Acilius Rufus. Ich bin sicher, er wird es noch weit bringen.« Dann nannte sie den Namen des Mädchens: »Unsere Tochter Mariamne!«

Daniel machte die Andeutung einer Verbeugung, achtete im Übrigen kaum auf das ungewöhnliche Lob der Mutter, denn seine Augen konnten sich kaum lösen vom Gesicht des Mädchens. Mariamne hatte leuchtend rote Haare, am Hinterkopf hochgesteckt, eine helle, makellose Haut und große, grünblaue Augen, wie er sie noch nie gesehen hatte. Sie beherrschten das ganze Gesicht. Dazu war sie gertenschlank, bewegte sich mit großer Anmut und sah in ihrem langen, bis zum Boden reichenden Gewand hinreißend aus. Auch ihre Stimme nahm sofort für sie ein, denn sie sprach ohne jede Hast und artikulierte sehr lebendig, mit einem musikalischen Auf und Ab der Laute und Silben.

Erst als Olympias zu Tisch bat, fiel Daniel auf, dass der Raum mit Speiseliegen und nicht mit Stühlen ausgestattet war. Wahrscheinlich, so mutmaßte er, hatte der Hausherr des Öfteren römische Freunde und Geschäftspartner zu Gast, die auf diese Annehmlichkeiten nicht gerne verzichten wollten. Der Name seiner Gattin, Olympias, ließ darauf schließen, dass sie, wenn nicht aus Griechenland, so doch griechischer Abstammung sein musste. In Caesarea lebten ja seit Generationen Griechen. Doch diese mussten sich bereits sehr von den heimischen Sitten gelöst haben: war es doch in Griechenland nicht üblich, dass zwei Frauen gemeinsam mit Männern an der gleichen Tafel speisten. Wie sehr sich ben Jaïrs Familie nach römischen Bräuchen richtete, zeigte sich auch darin, dass die Herrin des Hauses auf einem hochlehnigen Korbsessel Platz nahm, während Gatte, Tochter und die beiden Gäste zu Tisch lagen, Daniel und Pilesar nebeneinander, gegenüber der Hausherr und seitlich Mariamne.

Die Speisenfolge war üppiger als bei ihrem ersten Kurzbesuch, doch in keiner Weise von jener protzig verschwenderischen Art, wie sie in den Häusern neureicher Römer üblich geworden war. Während des beginnenden lockeren Gesprächs erkundigte sich Olympias genau nach den römischen Verhältnissen, besonders nach der Mutter und Schwester, so dass Daniel nicht umhinkam, die wichtigsten Ereignisse der vergangenen Jahre kurz zu schildern. Dabei hörte sie, wie auch Mariamne, sehr aufmerksam zu, so dass Daniel Mühe hatte, nicht ununterbrochen das Mädchen anzuschauen. Sie stellte interessierte Zwischenfragen, und als er wie nebenbei erwähnte, Esther werde wohl im nächsten Frühjahr heiraten, kannte die Neugier von Mutter und Tochter keine Grenzen. Mariamne wollte wissen, wer der Erwählte sei. Als sie erfuhren, es sei der Sohn des Acilius Rufus, staunten sie beide. Daniel spürte, wie er im Ansehen der Hausherrin gewaltig stieg.

Er war froh, als an dieser Stelle Matthias ben Jaïr eingriff und das Gespräch auf andere Themen lenkte. Wie es denn dem Kaiser gehe, fragte er, und ob es tatsächlich stimme, dass er aus allem und jedem Geld zu machen suche.

Daniel, der spürte, dass dies besonders auf das Gerücht zielte, Vespasian lasse neuerdings die Notdurft in den öffentlichen Toiletten besteuern, bestätigte dies und erzählte die dazugehörige Geschichte: Titus, der Thronfolger, habe seinen Vater darauf angesprochen und mit entrüsteten Worten seiner Verwunderung darüber Ausdruck gegeben. Daraufhin habe der Kaiser ihn aufgefordert aus der Geldkiste eine Münze zu nehmen und an ihr zu schnuppern. »Na, riechst du was?« Titus habe den Kopf geschüttelt. Darauf Vespasian: »Na also! *Non olet!* – Es stinkt nicht!«

Schallendes Gelächter machte die Runde.

Daniel nutzte die Gelegenheit und kam auf die Lage in Iudaea zu sprechen. Er fragte Matthias: »Kann man sich überall im Lande frei bewegen? Oder gibt es Zonen, die man nicht betreten darf?«

Matthias lehnte sich zurück: »Es gibt keine Beschränkung der Bewegungsfreiheit, wenn du das meinst.«

»Also könnte ich, wenn ich wollte, auch nach Jerusalem?«

»Sicher.«

»Sieht es schlimm aus?«

»Nun, sagen wir einmal so: Man hat an einigen Stellen den Schutt weggeräumt. Und wenn ich *man* sage, meine ich die neuen Besitzer. Denn die vorherigen wurden ja, bis auf wenige Ausnahmen, vollkommen enteignet und sie mussten die Stadt, wie du aus eigener Erfahrung weißt, verlassen.«

Atemlos lauschte Daniel diesen Ausführungen. Endlich saß er einem Mann gegenüber, der die Verhältnisse offenbar wie kein anderer kannte. Daniel fragte nach: »Gibt es unter den Neuen auch Juden?«

»Einige, ja.«

»Sind es Kollaborateure, die mit den Römern zusammengearbeitet haben?« Als er dies sagte, wurde ihm plötzlich bewusst, dass er als Jude sprach.

»Nicht unbedingt. Das sind Leute, die sich in den Kriegsjahren nichts haben zuschulden kommen lassen.«

»Und sie haben keine Probleme mit der römischen Besatzungsmacht?«

»Durchaus nicht, im Gegenteil. Die Provinzregierung ist doch froh, wenn ihr jemand die Aufräumarbeiten abnimmt.«

Da beugte Daniel sich vor und fragte lebhaft nach: »Matthias, heißt das, ich könnte, wenn ich mich dafür interessierte, unser Haus – ich meine natürlich nur das Grundstück, denn vom Haus steht wohl nichts mehr – ich könnte es wieder in Besitz nehmen?«

»Hm . . . Versuchen könntest du es ja. Aber nicht in Jerusalem.«

»Wo sonst?«

»Na hier, in Caesarea. Es gibt hier einen hohen Würdenträger des Statthalters – in bestimmten Fragen ist er fast so etwas wie sein Stellvertreter. An den müsstest du dich wenden.«

›Wahrscheinlich meint er Asinius Gallus‹, dachte Daniel. Er war auch nicht überrascht, als Matthias dessen Namen nannte, sondern nickte nur beifällig.

»Kennst du ihn etwa?«, fragte Matthias, erstaunt über Daniels Reaktion.

»Oh, sehr gut sogar.« Blitzschnell überschlug Daniel, ob Asinius diesen Posten trotz oder wegen seiner halbjüdischen Herkunft bekommen hatte. Wenn Letzteres der Fall war, dann sprach dies sehr für die Klugheit der römischen Führung – und das hieß: des Kaisers!

»Darüber hinaus . . .«, griff Matthias den Gedankengang wieder auf, »hat Asinius noch eine ganz andere Aufgabe. Und ich denke, dass diese im Augenblick die wichtigste ist.«

Als er Daniels fragenden Blick sah, fuhr er fort: »Sagt dir der Name Massada etwas?«

Daniel zuckte beinahe zusammen: Schon wieder dieser Name! Dann sagte er ruhig: »Ja, sicher! Das Hochplateau am Ostufer des Großen Salzsees, das König Herodes zu einer Festung ausgebaut hat. Sie soll uneinnehmbar sein.«

»Sagt man, ja . . .« Matthias lächelte fein. »In die Bergfeste von Massada haben sich einige tausend jüdische Verteidiger zurückgezogen und halten die Stellung. Es handelt sich um die fanatischsten Freiheitskämpfer, die je in Iudaea gelebt haben. Schon mehrmals haben römische Einheiten versucht dort oben einzudringen. Vergebens! Sie mussten sich immer unter großen Verlusten zurückziehen.«

Daniels Puls beschleunigte sich. Er fragte: »Sagt dir der Name Nathan ben Mathijahu etwas? Oder Absalom ben Nathan?«

Und Matthias: »Nathan ben Mathijahu . . . O ja. Ich kannte ihn gut. Er ist dein Vater, nicht wahr?«

Daniel nickte.

»Und Absalom ist dein Bruder . . .«

»Ja.« Daniel ließ den Blick nicht von Matthias und fuhr mit plötzlich heiserer Stimme fort: »Du sagst, du hast ihn gekannt . . . Dann . . . dann könntest du doch auch etwas . . . Ich meine, vielleicht hast du etwas über sein Schicksal nach dem Fall Jerusalems erfahren . . .«

»Nun . . .« Matthias rieb seine Hände, betrachtete sie eine Weile, dann hob er den Blick und fuhr fort: »Seit dem Fall Jerusalems sind Tausende von Menschen verschollen. Ich habe seit damals nichts über ihn oder deinen Bruder gehört. Das heißt aber nicht, dass sie nicht mehr leben. Falls sie aber noch leben . . .«

»Ja?« Daniel hing an seinen Lippen.

»Nun, dann werden sie irgendwo untergetaucht sein. Und es kann durchaus sein, dass dein Vater oder dein Bruder sich dort oben befinden. Obwohl . . .«

»Ja?«

»Ich meine, Nathan passt eigentlich nicht dorthin.«

»Passt nicht dorthin?« Was meinte Matthias mit dieser Wertung, die sehr negativ klang? Der Vater war einer der obersten Befehlshaber im Krieg gewesen. Anders als sein Vetter Iosephus in Rom wäre er nie bereit gewesen mit den Römern einen Kompromiss einzugehen. Sein unbeugsamer Wille, sein Mut, seine Überzeugungskraft hatten immer wieder seine Soldaten angespornt, ihre und ihrer Familien Freiheit mit allen Mitteln zu verteidigen. In schier ausweglosen Lagen hatte er nicht aufgegeben, sondern immer wieder ein Schlupfloch entdeckt, durch das man der römischen Übermacht trotzen oder entkommen konnte. Es würde zu ihm passen, wenn er sich mit Gleichgesinnten auf den uneinnehmbaren Berg zurückgezogen hätte.

»Ich will es dir erklären«, unterbrach Matthias Daniels Gedanken.

»Es handelt sich bei den Leuten dort oben nicht um – wie soll ich sagen: nicht um normale Juden wie deinen Vater oder mich. Nicht ohne Grund sagte ich eben, dass es sich um die fanatischsten Menschen handelt, die es in Iudaea gibt. Und der Schlimmste von allen ist Eleazar ben Jaïr.«

Daniel stutzte: Eleazar ben Jaïr?

»Verzeih, Matthias, wenn ich das frage, aber dieser Name ... Ich meine, ist Eleazar verwandt mit dir?«

»Ja. Er ist mein Bruder.«

An dieser Stelle mischte sich Olympias, die bisher vornehm geschwiegen hatte, ein und sagte, zu ihrem Gatten gewandt: »Bitte, Matthias! Können wir nicht von etwas anderem sprechen? Du weißt, welche Schwierigkeiten wir schon von römischer Seite bekommen haben, weil Eleazar nun einmal dein Bruder ist!«

Doch der Hausherr ging nicht darauf ein. »Ich bitte dich, meine Liebe!«, rief er leidenschaftlich. »Siehst du denn nicht, wie dieser junge Mann geradezu darauf brennt, endlich etwas über den Verbleib seines verschollenen Vaters und seines Bruders zu erfahren?«

Olympias hob resignierend beide Hände und schwieg. Mariamne aber gab Daniel mit einem Blick zu verstehen, dass sie nicht der Meinung ihrer Mutter war. Mehr noch, sie erklärte ganz selbstverständlich: »Ich konnte ihn schon immer nicht leiden!«

»Wen?«, fragte ihre Mutter.

»Na, Eleazar!«

Während Olympias ihrer Tochter mit einem strengen Blick zu verstehen gab, dass es für ein junges Mädchen in dieser Runde angemessen sei zu schweigen, statt vor den Gästen aus Rom aufsässige Äußerungen von sich zu geben, entging es weder Daniel noch Pilesar, dass Matthias ihr zuzwinkerte. Offensichtlich wurde über dieses Thema des Öfteren in der Familie gestritten.

95

Matthias griff unbeirrt das Thema wieder auf und er-klärte, nun ganz ruhig und leise: »Eleazar und ich waren schon immer verschiedener Meinung, was den Umgang mit der römischen Macht angeht. Bei ihm kommt aber hinzu, dass er seine Haltung mit religiösen Argumenten zu untermauern sucht. Er ist gewiss ein frommer, got-tesfürchtiger Mann, aber es fehlt ihm etwas, ohne das wir in diesen schweren Zeiten nicht überleben können. Ich meine: Realitätssinn!«

Während Daniel ihm zuhörte, sah er seinen Onkel Flavius Iosephus vor sich. Der letzte Satz könnte von ihm stammen. Aber war das richtig? Realitätssinn konnte man verschieden auffassen: Jemand zeigte Rea-litätssinn, wenn er sich nach den realen Gegebenheiten des Alltags richtete, wenn er seine Mitmenschen und ihr Reden und Handeln kritisch betrachtete und nicht alles, was ihm dieser und jener weismachen wollte, für bare Münze nahm. Das setzte große Erfahrung voraus. Doch diese Haltung konnte umschlagen in eine andere, die bei allen Menschen des Erdkreises verachtet wurde, nämlich in Opportunismus. Während er darüber nach-dachte – und das tat er im Augenblick in seiner Mutter-sprache –, fielen ihm die zahlreichen Bedeutungen des lateinischen Adjektivs *opportunus* ein: es konnte be-quem, geeignet, günstig, aber auch brauchbar, nützlich, vorteilhaft, ja sogar geschickt und gewandt meinen. Mit anderen Worten, ein Opportunist war jemand, der sich aus Nützlichkeitserwägungen schnell und bedenkenlos der jeweiligen Lage anpasste.

War Iosephus ein Opportunist? Oder etwa Matthias ben Jaïr?

Er wagte darüber kein endgültiges Urteil abzugeben, denn wenn er die beiden so nennen wollte, dann auch sich selbst! Immerhin hatte er diese Reise nach Caesarea aus freiem Entschluss angetreten, niemand hatte ihn dazu gezwungen. Es waren eben die Umstände, immer waren es diese verzwickten Umstände! *Er* war doch nicht schuld an diesem Krieg! Seine Schwester nicht, Mutter nicht, all die Tausende nicht, die nun in römischen Häusern Sklavenarbeit verrichten mussten. Aber was hätten sie denn gegen die Umstände machen können, was sollten sie gegen die Zuspitzung der Lage vor dem Krieg unternehmen?

Daniel hatte lange geschwiegen und nachgedacht. Erst jetzt merkte er, dass seine Augen die ganze Zeit über auf dem Gesicht Mariamnes gelegen hatten. Als es ihm bewusst wurde, errötete er leicht.

Pilesar riss ihn aus seinen Überlegungen. Als ob er Daniels Gedanken gelesen hätte, sagte er zu Matthias: »Realitätssinn zu haben ist in der Tat eine lobenswerte Eigenschaft, freilich nur dann, wenn sie nicht mit kaltem, berechnendem Egoismus verbunden ist.«

»Sehr richtig!«, rief Matthias. »Aber das Fatale an der Sache ist, dass diese Männer, die zum engsten Kreis um Eleazar gehören und buchstabengetreu nach dem Gesetz des Moses leben, dass sie den übrigen – und das sind Hunderte! – ihren Willen aufzwingen. Das aber . . .« Er schüttelte mehrmals entrüstet den Kopf. »Das ist für mich die schlimmste Art von Egoismus, die ich kenne! Denn sie sind keinem sachlichen Argument mehr zugänglich. Sie sind verblendet und hängen einem Wahn an. Vielleicht sind sie wahnsinnig! Sie müssen es sein!«

Matthias hatte sich in großen Zorn geredet. Seine Augen glühten. Doch er beruhigte sich bald wieder, wandte sich an Daniel und fuhr leiser fort: »Wenn dein Vater und Bruder tatsächlich dort oben auf dem Berg sein sollten, dann kann ich mir nicht vorstellen, dass sie mit dem Reden und Tun dieser Fanatiker einverstanden sind. Ich kenne deinen Vater. So etwas passt nicht zu ihm!«

Wieder wechselten Daniel und Mariamne einen Blick, doch diesmal drückte der des Mädchens Sorge aus: Wie konnten Daniels Vater und Bruder unter diesen Bedingungen von dort oben entkommen? Sie sagte es nicht, aber Daniel las es in ihren Augen.

Obwohl Matthias wusste, dass Olympias nichts sehnlicher wünschte als das unerfreuliche Thema zu beenden, ehe es allen – außer ihm selbst – die Laune verdarb, gab er noch eine ergänzende Erklärung dazu: »Seit kurzem hat ein neuer Mann das Kommando über die römischen Truppen, Lucius Flavius Silva Nonius Bassus, wie er mit seinem ganzen bombastischen Namen heißt. Ich nenne ihn nur Flavius Silva.«

Daniel stutzte: »Flavius? Sein Familienname ist Flavius?«

»Ja. Warum?«

»Ist er etwa mit Vespasian verwandt?« Der Kaiser hieß mit vollem Namen Titus Flavius Vespasianus.

»Nun, das kann durchaus sein. Vielleicht ist er ein
Vetter oder entfernterer Verwandter. Jedenfalls gilt er
unter Kennern der römischen Armee als sehr fähiger
Offizier und Truppenführer. Wie ich von Vertrauens-
leuten weiß, schickt er sich nun an, die erfolglose Strategie seines Vorgängers im Oberkommando vollkommen zu ändern. Ging dieser doch davon aus, dass es
ein Leichtes sein müsste, die Eingeschlossenen auf der
Höhe auszuhungern. Aber das war ein Irrtum.«

»Verzeih, Matthias, aber das verstehe ich nicht«, entgegnete Daniel. »Massada liegt doch nicht nur in einer
trockenen Wüste, sondern auch noch auf einer vollkommen trockenen, wasserlosen Höhe! Wie wollen die
Eingeschlossenen da überleben?!«

»Oh! Sie haben alles, was man zum Leben braucht«,
rief Matthias. »Sie haben Wasser, Obst, Getreide, sogar
frisches Gemüse.«

»Matthias, du beliebst zu scherzen!«, wandte nun
auch Pilesar ein und schüttelte ungläubig den Kopf.

Doch dieser: »Keineswegs, meine Freunde! Ihr dürft
nicht vergessen, wer diesen Platz zu dem gemacht hat,
was er heute ist! Massada war schon immer ein Ort, an
den sich in der Vergangenheit Bedrängte und Verfolgte
zurückgezogen haben. Aber es war schließlich der König Herodes, den sie den Großen nennen, der vor fast
hundert Jahren den militärischen Wert und strategi-
schen Nutzen des Berges erkannte und das große Plateau nach allen Regeln der Festungskunst ausbauen
ließ, bis er meinte, nun sei es von außen nicht zu be-

zwingen. Wie ihr wohl wisst, befand er sich sein Leben lang in Konflikt mit Gegnern im eigenen Volk, denn er war nicht rein jüdischer Herkunft. Sogar eigene Familienangehörige lehnten sich gegen ihn auf. Einige seiner Söhne, die sich gegen ihn erhoben hatten, ließ er umbringen. Da er ein ungemein misstrauischer Mann war, rechnete er wohl auch damit, dass die Gunst seiner römischen Gönner – an der Spitze Kaiser Augustus – nicht ewig währen müsste. Also ließ er Massada zu einem, wie er meinte, unbezwingbaren Bollwerk aus- und umbauen.«

»Ja aber . . . das Wasser!«, rief Daniel. »Ohne Wasser kann kein Mensch, kein Tier, keine Pflanze existieren!«

»Natürlich nicht! Also ließ er an mehreren Stellen riesige unterirdische Kavernen in den Fels hauen und dazu ein raffiniert ausgeklügeltes Graben- und Röhrensystem anlegen, welches das gesamte Regenwasser, das in den Wintermonaten anfiel, sammelte und in die steinernen Vorratskammern leitete. Da diese Zisternen im tiefen, kühlen Felsgestein liegen, konnte das Wasser nicht oder nur in winzigen Mengen verdunsten. Damit hatte Herodes erreicht, was er wollte: Massada hatte, unabhängig von den jahreszeitlichen Schwankungen, das ganze Jahr über Wasser. Mit diesem Wasser können auch die Gemüsepflanzungen versorgt werden. Es ist genug vorhanden. Getreide konnte man natürlich nicht da oben anbauen, weil dafür zu wenig Boden zur Verfügung stand. Also ließ er gewaltige Vorratshäuser errichten und hortete darin wie Joseph in Ägypten so viele

Tonnen, dass man sich jahrelang davon ernähren könnte, falls die Festung belagert würde.«

»Ja, aber heute!«, warf Daniel ein. »Sie haben doch wohl nicht mehr das Getreide des Herodes, um daraus Mehl zu mahlen und Brot zu backen!«

Matthias lächelte. »Du wirst es kaum glauben, aber das Getreide, das heute dort oben gehortet ist, stammt noch aus den Zeiten des Herodes.«

»Und ist es noch genießbar?«

»Sicher. Aufgrund der unglaublichen Trockenheit über den größten Teil des Jahres ist es nicht verdorben – und voll genießbar!«

»Unglaublich!«, sagte Pilesar.

»Allerdings«, fuhr Matthias fort, »ist es die Ironie der Geschichte, dass der König in seiner langen Regierungszeit nie Gebrauch davon gemacht hat. Er ist nie in Massada gewesen.«

Das Gespräch verstummte. Schließlich sagte Daniel: »Dann hängt das Schicksal der Belagerten also davon ab, ob es den Römern gelingt, Massada einzunehmen.«

»So ist es«, sagte Matthias. »Bisher hatte es nicht den Anschein, als ob der Fall in Kürze eintreten wird.«

»Aber auf lange Sicht . . .«

»Das weiß nur der Allmächtige. Ihr Schicksal liegt in seiner Hand.«

Obwohl ihn der Genuss von Wein sonst schnell müde machte, lag Daniel an diesem Abend lange wach und grübelte über das Gehörte nach. Er fand einfach keine

Ruhe. Also stand er auf, ging ins Kontor und holte die Tagebuchrolle aus der Truhe. Vielleicht würde er sich entspannen, wenn er die drängenden Gedanken notierte. Der Mond schien ins Zimmer und er stellte sich vor, dass Absalom und der Vater ihn ebenfalls sehen könnten. Falls sie noch wach waren. Aber waren sie überhaupt auf dem Berg?

XIII

Ohne dass Pilesar oder Daniel es veranlasst hätten, erschienen in den folgenden Wochen immer wieder Abgesandte aus dem Landesinneren, darunter Verwalter großer Gutshöfe und Vertreter von arabischen Karawansereien. Ihre Angebote reichten von Weihrauch, Drogen, exotischen Gewürzen, arabischen Pferden, Seide, Perlen, Edelsteinen bis hin zu Elefanten!

Andere wiederum erkundigten sich neugierig nach den Waren und Gütern, die das neue Handelshaus aus Italien einzuführen gedenke, wobei das Interesse an italischen Weinen und Tongeschirr besonders groß war. Immer wieder war man erstaunt zu hören, dass nicht Pilesar, sondern Daniel, der viel Jüngere, Chef des Hauses war. Nicht wenige ließen durchblicken, es sei an der Zeit gewesen, dem verschlafenen Betrieb des Amynthas endlich wieder neues Leben einzuhauchen.

So wurde es Februar.

An einem der letzten Tage des Monats kam Pilesar aus seinem eigenen in Daniels Kontor und fragte: »Störe ich?«

»Nein. Was gibt es?«

»Weißt du . . .«

»Ja?«

»Ich denke schon die ganze Zeit darüber nach. Und . . .«

Daniel blickte fragend von seinen Listen hoch.

Pilesar nahm auf einem Stuhl Platz und fuhr fort: »Die Zahl unserer Lieferanten steigt zwar erfreulich an . . .«

»Aber?« Daniel schaute ihn interessiert an.

»Wir sind hier, in der Stadt und in ihrem unmittelbaren Umfeld, zu wenig bekannt.«

Nur ungern gestand Daniel sich ein, dass Pilesar Recht hatte. Er stand auf, ging zum Fenster und blickte über den Hof, wo drei der Neuen damit beschäftigt waren, Säcke mit getrockneten Heilkräutern aus dem südlichen Arabien von einem Wagen zu laden und in eine Lagerhalle zu bringen.

»Dabei«, fuhr Pilesar fort, »gäbe es in Caesarea weitere Einzelhändler, die von uns beliefert werden könnten. Aber es könnte ja sein, dass sie uns bewusst meiden.«

»Du meinst: weil wir für sie *Römer* sind?«

Pilesar schüttelte den Kopf. »Das glaube ich kaum. Diese Stadt hat nicht die Vorurteile gegen die Weltmacht, wie sie etwa in Alexandria gepflegt werden. Nein, ich glaube, dass es eher eine gewisse Scheu ist.«

»Möglich. Und was willst du dagegen machen? Etwa einen Ausrufer durch alle Straßen schicken, mit Trommlern und Tubabläsern, der lauthals die Händler dazu auffordert, doch endlich einmal bei uns hereinzuschauen?«

»Natürlich nicht! Ich habe eine bessere Idee. Wir laden alle Bürger der Stadt zu einer Besichtigung unseres neu erstellten Betriebes ein. Wir machen einen »Tag der offenen Tür« – wenn dir das was sagt . . .«

Daniel war sofort damit einverstanden, meinte aber: »Das wird eine Menge Arbeit bringen. Wir müssen den Besuchern was bieten!«

»Das dürfte doch für uns kein Problem sein.« Pilesar rieb sich bereits gut gelaunt die Hände.

Sogleich machten sie sich daran, ein Programm zu skizzieren. Dabei überboten sie sich gegenseitig mit den launigsten Einfällen: Freien Ausschank von Wein sollte es geben. Natürlich! Das brachte immer Leute ins Haus . . . Für die Kinder, aber auch für die Erwachsenen, alle möglichen Geschicklichkeitsspiele. Die Gewinner sollten Preise erhalten . . . und freies Essen! Wobei noch zu überlegen war, ob man sich auf hiesige Gerichte beschränken oder auch original römische Rezepte anbieten sollte . . . Vielleicht sogar einen ganzen Ochsen am Spieß braten! Und zum Schluss eine Verlosung mit drei Haupt- und weiteren Nebenpreisen.

Das alles sollte den Bürgern als Anreiz dienen, ihre Schwellenangst zu überwinden, durchs Tor zu schreiten und den ganzen Betrieb zu besichtigen. Die Gebäude mussten sich natürlich in blendendem Zustand befinden. Alle Sklaven hatten sich sauber und ordentlich zu kleiden, wie zu einem Festtag. Überall sollten sachkundige Leute stehen, die den Besuchern etwas über die verschiedenen Waren und Güter erzählen konnten, auch über die fernen Länder, aus denen sie kamen. Sogar die Schreibstuben und Kontore sollten zur Besichtigung offen stehen, wobei Theokritos und Philon die Aufsicht führen und auf neugierige Fragen antworten sollten.

»Also doch ein Ausrufer mit Trommlern und Tubabläsern!«, sagte Pilesar und schmunzelte.

Daniel seufzte: »Wenn es denn sein muss . . .«

Außerdem sollten in der ganzen Stadt Tafeln aufgestellt werden, die zu dem Ereignis einluden.

Daniel wurde skeptisch: »Dazu brauchen wir eine amtliche Erlaubnis.«

Und Pilesar: »Ich werde mich darum kümmern.«

Schon am nächsten Tag ließen sie die gesamte Mannschaft auf dem Hof antreten, um allen das ins Haus stehende Großereignis mitzuteilen. Man sah ihnen an, wie sehr sie sich freuten.

Daniel kam zum Schluss und hob die Stimme: »Ich erwarte natürlich von allen, dass sie sich sauber kleiden, die Besucher und Gäste des Hauses zuvorkommend behandeln und auf alle Fragen eine befriedigende Antwort geben.«

Schräg vor Daniel standen Philon und Theokritos. Philons Hand fuhr zum Ohr und er fragte den Kollegen: »Was . . . eh . . . was hat er da gesagt?«

»Du sollst auf alle Fragen eine Antwort geben.«

»Aha. Aber wieso ich? Du auch?«

»Sicher.«

»Hat denn einer was gefragt?«

»Nein, noch nicht. Später.«

»Aha. Wann denn?«

»Am Tag der offenen Tür.«

»Am was?«

»Am ... Tag ... der ... of ... fe ... nen ... Tür!«
Theokritos hatte jede Silbe betont.

»Warum schreist du denn so? Überhaupt: Wer ...
wer fragt denn dann was?«

»Jeder, der etwas wissen will.«

»So? Und worüber?«

»Das weiß ich doch nicht!«

»Aber dann kann ich doch nichts dazu sagen? Bist du
sicher?«

»Absolut.«

»Und das hat er gesagt?«

»Ja, soeben.«

»Weiß er's denn?«

»Was?«

»Was die Leute fragen?«

»Weiß ich doch nicht! Frag ihn doch selbst!«

Längst waren im Umkreis alle Gespräche verstummt,
die Männer lauschten mit wachsendem Vergnügen diesem absurden Frage- und Antwortspiel, das sich zu den
aberwitzigsten Folgerungen steigerte. Auf allen Gesichtern machte sich ein breites Grinsen breit.

106

Es kam wie immer. Pilesar fixierte Philon und fuhr ihn streng an: »Es reicht!«

Das wiederum hatte Philon verstanden, denn er presste beleidigt die Lippen aufeinander und folgte scheinbar interessiert dem Flug einer Taube.

Die Leute wurden entlassen – bis auf Philon und Theokritos. Pilesar winkte sie zu sich und erklärte: »Herhören! Macht diese Spielchen auf keinen Fall am Tag der offenen Tür! Die Leute werden sonst denken, wir hätten hier zwei Irre beschäftigt! Habt ihr verstanden?«

Die Hand fuhr zwar zum Ohr, aber Philon bemerkte nur: »Wieso zwei? Er ist es doch, der . . .«

»Geht das schon wieder los?! Schluss jetzt oder ich vergesse mich!«

Mit Interesse verfolgte Daniel, wie Pilesar mehr und mehr in die Rolle eines gestrengen Vorgesetzten schlüpfte. Er grinste, denn er selbst hätte mit Sicherheit genauso reagiert.

Als dann endlich der Tag der offenen Tür kam, waren alle schon früh auf den Beinen. In der Mitte des Innenhofs wurde der Ochse auf einem riesigen eisernen Spieß fixiert. Das war Arbeit für starke Männer. Segovax führte das Kommando. Da er noch aus seiner Zeit in Britannien Erfahrung darin hatte, gelang die Prozedur schneller, als die andern es erwartet hatten. Cingetorix hatte sich um das Feuer zu kümmern und ein Auge darauf zu haben, dass es weder zu heftig noch zu zaghaft brannte.

Schon einige Tage vorher hatten Daniel und Pilesar – nach Absprache mit einigen Händlern, die ihnen mit freundlicher Kollegialität entgegenkamen – vor deren Läden Tafeln aufstellen lassen, die alle den gleichen Text enthielten. Darin wurde die Neueröffnung, Renovierung und Erweiterung des ehemaligen Handelshauses des Amynthas angezeigt. Zugleich wiesen die Schilder auf die »höchst aufregenden und spannenden Ereignisse« hin, die über den Tag hin geplant waren. Es war auch nicht vergessen worden, darauf aufmerksam zu machen, dass Speise und Trank über den Tag und den Abend hin kostenlos verteilt würden. Zusätzlich hatte Ioannes, der ein begabter Zeichner war, mit humorvollen Karikaturen die angekündigten Sensationen ins Bild gebracht.

Um aber ganz sicherzugehen und einen möglichst großen Kreis von Bürgern zu erreichen, war schließlich noch ein Ausrufer gemietet und mit Trommlern und Bläsern durch alle Stadtviertel geschickt worden, wo er lauthals auf den bevorstehenden Tag der offenen Tür im »Handelshause des ehrwürdigen Marcus Acilius Rufus, seines Zeichens Römischer Ritter«, hinwies.

Ganze Familien kamen mit Kind und Kegel, Alten und Jungen und fanden das Essen, die Getränke, die Spiele und sonstigen Darbietungen großartig. Angehörige der ärmeren Schichten genossen es in großen Zügen, sich den Bauch mit den verschiedenen Speisen zu füllen.

Am frühen Nachmittag erschienen dann auch Geschäftsleute aus der näheren und weiteren Nachbarschaft, um den Betrieb, vor allem aber die hier tätigen Herren und Sklaven in kritischen Augenschein zu nehmen.

Daniel war gerade mit einem Händler aus Sichem in Samaria ins Gespräch gekommen, als ihm ein Mann auffiel, der alles, was er sah, hörte, aß und trank, laut kommentierte. Das passte zu seinem grobschlächtigen Aussehen. Er hatte eine Glatze, beide Wangen waren von Narben bedeckt, das rechte Auge war kaum zu erkennen, da die dazugehörige Braue es halb verdeckte. Er befand sich in Begleitung einer erheblich jüngeren Frau, die in geradezu ordinärer Weise geschminkt war. Ihre Augenbrauen waren schwarz nachgezogen und endeten erst an den Schläfen, die Lider schimmerten grünlich. Sie wiegte beim Gehen aufreizend die Hüften und es entging Daniel nicht, dass einige der männlichen Gäste heimlich hinter ihr herschauten – wenn ihre Gattinnen es nicht bemerkten.

Als Daniel sein Gespräch beendet hatte, wandte er sich an Matthias ben Jaïr, der in der Nähe stand und im Stehen ein Stück Ochsenbraten verzehrte: »Wer ist dieser Mann? Ich meine den mit der Glatze, der auffällig hinkt und diese ... diese stark geschminkte Frau am Arm hat?«

»Ach der ...« Matthias lachte auf. »Das ist Alexandros!«

»Alexandros? Ein Grieche?«

»Keineswegs. Eigentlich heißt er Marcus Antonius

Alexander Serenus.« Matthias grinste. »Ein alter Haudegen! Kriegsveteran. Kämpfte zuletzt unter Vespasian und dessen Sohn Titus. Bei der Eroberung Jerusalems wurde er schwer am rechten Bein verwundet. Ein Schwerthieb zerstörte sein Knie. Ein Wunder, dass er überhaupt überlebt hat. Seitdem hinkt er.«

»Und was treibt er hier, ich meine, in Caesarea?«

»Gastwirt, er ist Gastwirt!«

»Ach!«

»Ja. Er hat es bis zum Centurio der Ersten Kohorte seiner Legion gebracht, und das ist schon was! Daher erhielt er nach seinem Ausscheiden aus der Armee auch eine bedeutende Abfindungssumme. Damit hat er hier eine Gaststätte gekauft und sich gut eingerichtet.«

»Und die Frau? Ist er mit ihr . . .?«

»Ha!« Matthias lachte auf. »Nein, nicht verheiratet. Sie ist seine derzeitige – nun, sagen wir: seine Freundin. Eine Ägypterin makedonischer Herkunft. Heißt Selene. Hat aber die Sprache ihrer Ahnen verlernt. Mit allen Wassern gewaschen. Im Übrigen recht ordinär, wie du siehst.«

»Ich sehe es.«

»Aber das zieht ein gewisses Publikum an. Die Kneipe ist immer voll. Vor allem mit Soldaten und Matrosen, wenn sie in der Stadt sind. Du verstehst?«

»Ich verstehe.«

In diesem Augenblick drehte sich Alexandros um, erkannte Matthias und kam näher, die Frau folgte ihm.

Matthias beugte sich zu Daniel und Pilesar und flüsterte: »Er legt übrigens Wert darauf, mit Iskander angeredet zu werden. So sprechen die Araber den griechischen Namen Alexander aus.«

Iskander ging auf Matthias zu, lachte breit, streckte seine muskulösen Arme aus und umarmte ihn so heftig, dass die Umstehenden schon fürchteten, er werde ihm einige Rippen brechen.

Dann rief er mit einer tiefen Bass-Stimme, wie Daniel sie noch nie gehört hatte: »Beim Hercules! Toller Laden das! Wirklich! Gefällt mir! Und erst der Wein!« Er fuhr sich mit der Zunge über die Lippen. »Ist doch Falerner, wie?«

Die Frage ging an Daniel und Pilesar, die nicht umhinkonnten, zu allem freundlich lächelnd zu nicken, dann bestätigte Pilesar die Vermutung: »Dreijähriger! Von den besten Lagen des Massicus!* Er gehört noch zu den alten Beständen des Amynthas.«

Unvermittelt wurde Iskander ernst, er schaute Daniel an und grollte: »Ihr scheint da wohl direkt an der Quelle zu sitzen, wie?! Toller Rebensaft das! Habe schon mehrmals versucht mir ein paar Amphoren davon unter den Nagel zu reißen. Kriege ihn aber einfach nicht. Der alte Amynthas hat nur bevorzugte Kunden beliefert. Schlimme Sitte das!«

»Oh, ich bin überzeugt«, mischte sich Matthias ein, »es dürfte den beiden hier nicht schwer fallen, für dich hin und wieder einige Amphoren bereitzuhalten. Du weißt ja, dass ich selbst . . .«

---

* Berg im Norden von Campanien

»Ha!«, rief Iskander. »Du? Du handelst doch nur mit Teppichen und anderem überflüssigen Kram! Sollte verboten werden! Weil schlimme Sache das!«

»Kein Problem«, nickte Daniel, »wir haben noch einige Amphoren aus den alten Beständen.« Er streifte Pilesar mit einem Blick, der sagte: Er hat zwar schlechte Umgangsformen, aber er könnte ein wichtiger Kunde für uns werden. »Machen wir es doch so«, fuhr er fort. »Du machst bei uns eine ordentliche Bestellung und wir kümmern uns dann um die Lieferung. Dann brauchst du ihn nur noch abzuholen.«

»Donnerwetter, ja! Das machen wir! Selene, hast du das gehört?«

Selene setzte ein affektiertes Lächeln auf, von dem sie meinte, dass ihm kein Mann widerstehen könnte, und flötete in gebrochenem Griechisch: »Oh, das wirklich sehr freundlich und schön! Falerner! Ich lieben Falerner!«

»Na, siehst du!«, bestätigte Iskander und tätschelte ihre Wange. »Hol dir noch einen Becher!«

Dann nahm er Daniel am Arm und entfernte sich mit ihm einige Schritte von den andern. Daniel, von der sehr direkten Art Iskanders unangenehm berührt, folgte notgedrungen. Er konnte nicht ahnen, dass es ausgerechnet dieser ungehobelte Gastwirt und ehemalige Centurio war, der eine entscheidende Wende in sein Leben bringen sollte.

Iskander sah ihn an und fragte: »Sag mal, könntest du das wirklich?«

»Du meinst, Falerner beschaffen? – Kein Problem.«

»Und was soll der kosten?«

»Das kann ich dir erst sagen, wenn er hier ist. Du verstehst?«

»Na klar. Tolle Sache das! Weißt du, viele Jungs hier sind aus Italien. Die feiern bei mir hin und wieder. Die haben ja immer was zu feiern. Dann verlangen sie Falerner. Reagieren dann sehr unfreundlich, wenn ich ihnen keinen anbiete. Soldaten sind eben Soldaten! Du verstehst?«

Daniel nickte.

»Ich könnte ihn nur bekommen, wenn ich dem Zwischenhändler größere Mengen abkaufe, aber das kann ich nicht. Dafür fehlt mir das Kapital. Du verstehst?«

»Sicher.«

»Da fällt mir ein . . .« Iskander zögerte, kratzte sich am Kopf und fuhr mit der Hand über die Glatze. »Ja, weißt du«, fuhr er fort, »das könnte was für dich sein. Sehr interessant das!«

»Was meinst du?«, fragte Daniel.

Iskander kam noch näher. »Du hast doch bestimmt schon mal was von Massada gehört . . .«

Daniel fuhr zusammen und hatte Mühe, seine Verblüffung zu verbergen. Er nickte langsam: »Ja, warum?«

»Na, dann weißt du wohl auch, dass die römischen Truppen in den letzten Wochen verstärkt worden sind.«

Daniel nickte.

»Und so was zieht natürlich allerlei Geschmeiß an!«

»Geschmeiß?« Erstaunt sah Daniel ihn an.

»Ha! Ich sollte besser von Hyänen reden, wie?«

Und Daniel: »Ich verstehe nicht.«

»Klar! Warst nie Soldat – oder? Dann weißt du auch nicht, dass römische Militärlager nach einer gewissen Zeit, wenn sie eine bestimmte Größe erreicht haben, zwielichtige Fremde anlocken: Geschäftemacher! Beutelschneider! Halunken! Du verstehst?«

»So in etwa . . .«

»Also, um es kurz zu sagen: Die Jungs werden zum Beispiel von diesen cleveren Bauernfängern über den Tisch gezogen. Du verstehst?«

»Du meinst, sie fordern überhöhte Preise für ihre . . .«

»*Ita'st!* Sie bescheißen sie nach allen Regeln der Kunst! Und das können sie. Es fehlt die Konkurrenz. Verstehst du, was ich meine?«

»Sicher. Aber was hat das mit mir . . .?«

»Na, ich muss in zehn Tagen nach Massada.«

»Aha.« Worauf wollte er nur hinaus?

»Ja, ja. Habe da noch was zu erledigen . . . Die Armee schuldet mir noch was. Du verstehst?«

»Nein.«

»Na, es geht um die Höhe meiner Abfindung . . . von damals . . . Habe da noch Ansprüche . . . wegen dem Bein . . . Schmerzensgeld! . . . Muss das den zuständigen Leuten klar machen! Schlimme Sache das! Muss von Mann zu Mann mit denen reden. Du verstehst?«

»Sicher. Aber was habe ich damit . . .?«, versuchte Daniel es ein letztes Mal.

»Pass auf, mein Junge . . .« Iskander kam noch näher heran. »Ich bin wohl gezwungen einen der Offiziere einzuschalten, um an mein Geld zu kommen. Der schickt dann einen Bericht an den Statthalter. Und der entscheidet. Das dauert! Schlimme Sache das! Aber dem Mann werde ich erzählen, dass ich eine Idee habe! Schöne Idee das! Du verstehst?«

»Nein, ich . . .«

»Mann, ist doch ganz einfach. Ich werde ihm sagen, es gibt da einen, der den Jungs hervorragenden Falerner direkt aus der Campania beschaffen kann. Ohne Zwischenhändler! Dafür zahlen sie noch nicht mal mehr als für diese Halsabschneider. Na, was hältst du davon?« Er grinste breit.

»Ja, ich . . . eh . . .« Daniel fühlte sich überrumpelt. »Ich muss darüber nachdenken . . .«

»Was heißt da nachdenken? Das ist eine einmalige Chance für dich! Tolle Sache das! Für guten Wein zahlt die Armee gut und pünktlich!« Er legte Daniel eine Hand auf die Schulter. »Da gibt es kein Vertun, Mann! Was zögerst du noch?«

Und Daniel: »Das machst du doch nicht umsonst! Dafür willst du doch was – oder?«

Iskander grinste. »Nur eine Kleinigkeit!«

»Nämlich?«

»Du machst mir für den Falerner, den ich bei dir bestelle . . . na, sagen wir: einen Freundschaftspreis!«

Daniel war nicht wirklich wohl bei dem Gedanken, mit dem grobschlächtigen Wirt Geschäfte zu machen, ja mehr noch, sich von ihm abhängig zu machen. Andererseits . . . Es war *die* Chance, nach Massada und ins römische Lager zu kommen.

Iskander aber war nicht mehr zu bremsen. »He, Mann!«, rief er. »Das Beste ist, du kommst gleich mit mir! Und nimmst direkt 'ne Ladung Wein mit! Falerner, ha! Die werden dir die Amphoren aus den Händen reißen! Natürlich werde ich das alles dem Tribun oder wer sonst dafür zuständig ist, erklären.«

»Kennst du denn ihre Offiziere?«

»Aber sicher! Einer war früher mal Kommandeur meiner Kohorte! Toller Bursche! Hab dem mal hin und wieder das Leben gerettet. Gefährliche Sache das! So was verpflichtet. Du verstehst? Lass mich nur machen, das krieg ich hin! Also, was ist? Kommst du mit?«

Er redete mit Daniel, als ob er einen alten Kameraden vor sich hätte, mit dem er eine tolle Sache in die Wege leiten wollte. Wenn er im Kampf so zupackend war wie im Reden – und die Vorgeschichte sprach dafür –, dann konnte man mit ihm Pferde stehlen.

Längst hatte Daniel im Kopf verschiedene Möglichkeiten durchgespielt, wie er vor Ort in Massada etwas über die jüdischen Verteidiger der Bergfestung erfahren könnte. Vielleicht hatte man durch Späher oder Überläufer sogar genauere Kenntnis von den Eingeschlossenen oben auf dem Berg. Immerhin war sein Vater ein hoher Truppenführer im Rang eines Generals gewesen und Absalom Führer einer Einheit, die einer römischen Kohorte entsprach.

Obwohl ihm bei der Vorstellung, Iskander als Vermittler zu haben, alles andere als wohl war, sagte er entschlossen: »Gut. Ich komme mit.«

»Na also!« Iskander klopfte ihm freundschaftlich auf die Schulter und brummte: »Wusste doch, dass du nicht Nein sagst. Tolle Idee das!«

XIV

Pilesar allerdings blieb skeptisch, als er von Daniels Plänen hörte. Doch Daniel argumentierte geradezu begeistert: »Pilesar, das ist eine einzigartige Gelegenheit! Immerhin handelt es sich um einige tausend Mann! Und die Zahlmeister werden korrekt mit uns abrechnen!«

»Das mag ja so sein . . .«

»Aber?«

Der Syrer sah ihn besorgt an und kam gleich zum Kern der Sache: »Ich halte es nicht für gut, gerade jetzt auf Reisen zu gehen, wo neue Kontakte geknüpft sind. Wenigstens einer von uns sollte hier bleiben und das Geschäft im Auge behalten. Im Übrigen ist dies wohl nicht der wahre Grund für deine Aktivität.«

Daniel wusste, dass Pilesar ihn durchschaut hatte. Es war zwecklos, dem Syrer etwas vorzumachen. Dafür kannten sie einander zu gut und vertrauten sich gegenseitig zu sehr. Also erklärte er: »Das ist eine einmalige

Gelegenheit für mich, nach Massada zu kommen. Nicht heimlich, sondern ganz offiziell. Das ist wichtig! So können wir an Ort und Stelle Erkundigungen einziehen.«

»Erkundigungen?«, fragte Pilesar. »Du willst etwas über deinen Vater und Bruder erfahren!« Der Syrer musterte ihn streng.

»Sicher. Und vier Ohren hören mehr als zwei.«

Pilesar sah Daniel lange an und erklärte schließlich: »Also gut. Unter einer Bedingung!«

»Ja?«

»Dass wir nur wenige Tage dort bleiben!«

»Einverstanden.«

Dabei ergab sich allerdings die Frage, wer in der Zeit ihrer Abwesenheit im Betrieb das Sagen haben sollte. Philon und Theokritos schieden aus, weil sie mitkommen sollten, denn es war besser, sie stets unter Kontrolle zu haben. Ioannes war zu jung. Sie einigten sich schließlich auf Segovax. Die natürliche Autorität des Briten wurde von allen andern Sklaven geachtet. Er würde auf die Dinge und Vorgänge ein waches Auge haben, als ob es seine eigenen wären.

Schon am nächsten Tag suchte Daniel den Iskander in seiner Gaststätte auf, um mit ihm einen festen Termin für die Reise auszumachen. Sie einigten sich auf Anfang März. Bis dahin hatte man genügend Zeit, die Reise zu planen, alle Einzelheiten mit Segovax zu besprechen und schließlich die Amphoren, die den Falerner enthielten, sicher auf einem Wagen zu verstauen und mit meh-

reren Lagen Stroh abzusichern. Die Straßen im Süden
würden holprig sein.

Als Daniel schließlich gemeinsam mit Pilesar die Fuh-
re kontrollierte, die Ioannes zusammengestellt hatte,
spürte er, dass Ioannes etwas auf dem Herzen hatte. Er
blickte ihn forschend an. Zögernd begann Ioannes:
»Herr! Ich hätte eine große Bitte.«

»Welche?«

»Nehmt mich mit. Ich kenne in der Gegend jeden
Weg und Steg, jeden Berg und jede Schlucht auf beiden
Seiten des Großen Salzsees.«

Pilesar wechselte mit Daniel einen Blick, der sagte:
Man kann nie wissen, was auf uns zukommt. Also er-
laubten sie Ioannes sie zu begleiten.

Iskander erschien pünktlich am frühen Morgen des
Reisetages im Innenhof des Handelshauses. Erstaunt re-
gistrierten Daniel und Pilesar, dass er auf einem Maultier und nicht auf einem Pferd ritt.

Auf eine entsprechende Bemerkung Pilesars meinte
er: »Zu gefährlich. Ein Pferd ist auf dem steinigen Gelände da unten nicht trittsicher genug. Du verstehst?«
Er tätschelte das Maultier am Hals: »Tolles Tier das!
Würde sogar durch den Hades traben, wenn's sein
muss! Rate euch: Auf keinen Fall Pferde! Zu gefährlich
das! Du landest schneller auf einem Felsbrocken, als
deinen Knochen lieb ist. Ihr habt doch Maultiere –
oder?«

»Sicher«, sagte Pilesar und ließ sie holen: fünf Reitti-
ere für Daniel, Pilesar, Ioannes, Philon und Theokritos

sowie zwei Zugtiere für den Wagen, der die Amphoren transportierte.

Das Acilische Personal, das nicht mit auf die Reise ging, war auf dem Hof angetreten, und Daniel übertrug dem Segovax offiziell alle Vollmachten, soweit sie die geschäftlichen Dinge betrafen. Falls er einen Rat brauche, solle er sich vertrauensvoll an Matthias ben Jaïr wenden. Den Sklaven schärfte er ein, dass sie Segovax genauso zu gehorchen hätten wie ihm, Daniel, und Pilesar. Alle nickten, doch man sah ihnen an, dass ihnen nicht ganz wohl dabei war. Niemand wusste, wann die Herrschaften wieder zurückkehrten.

Daniel spürte ihre Unsicherheit sehr genau, entsprach sie doch seinen eigenen Zweifeln. Durften sie das junge Unternehmen wirklich allein lassen? – Doch sein Drang, die Seinen zu finden, war stärker. Er schob die Zweifel entschlossen zur Seite.

Da fiel ihm das Tagebuch ein. Sollte er es mitnehmen? Er würde gewiss reichlich Stoff haben, den er schriftlich festhalten konnte. Andererseits . . . Die Unternehmung war nicht ungefährlich, es konnte zu schwierigen, ja gefährlichen Situationen kommen. Da war es besser, das Tagebuch nicht dabeizuhaben, da es zu viel über seine wahren Absichten verriet. Also ließ er es zurück in der sicher verschlossenen Truhe.

Bereits eine Viertelstunde später befanden sie sich außerhalb der Stadtmauer auf der Straße, die nach Osten ins Land führte. Nach zehn Meilen stießen sie auf die wichtige Verbindungsstraße, die, von der Hafenstadt Akko im Norden kommend, durchs Landesinnere nach Jerusalem führte. Von Matthias ben Jaïr wussten sie, dass Massada hundertzwanzig bis hundertdreißig Meilen von Caesarea entfernt war[*]. Der Weg dorthin war mühsam. Gebirge, Trockentäler und Schluchten zwangen den Straßenverlauf und die Reisenden immer wieder zu Umwegen.

Anfangs wurde noch viel geredet, doch nach und nach verebbten die Gespräche. Vor allem Daniel wurde immer schweigsamer und geriet ins Grübeln: Ausgerechnet er, der gebürtige Jude aus gutem Hause, schickte sich an, jenen Soldaten ein Sonderangebot für Falerner zu machen, die irgendwann in den nächsten Wochen zum Sturm auf die letzte jüdische Bastion ansetzten! Und oben, noch hinter schützenden Mauern, konnten sich Vater und Bruder befinden. Doch schon im nächsten Augenblick rettete er sich in die Hoffnung, dass dies der beste und einzige Weg war, etwas über die verschollenen Familienmitglieder zu erfahren. Da er sich nun einmal auf diese Reise eingelassen hatte, gab es kein Zurück mehr.

Am späten Nachmittag des fünften Tages erreichten sie die Nordwestküste des Toten Meeres. Da sie es nicht mehr schaffen würden, bis zum Einbruch der Dunkelheit nach Massada zu gelangen, waren sie gezwungen im

[*]   180 bis 195 km; die Luftlinie zwischen Caesarea und Massada beträgt 150 km.

Freien ihr Lager aufzuschlagen. Wie in allen Wüstenge-
bieten war die Nacht bitterkalt, jeder spürte es leibhaf-
tig, als die kalten Fallwinde von den Bergen in die Senke
flossen, die weit unter dem Niveau des Meeresspiegels
lag. Sie holten Stroh vom Wagen, breiteten es am Boden
aus und deckten sich mit zwei Decken zu. Daniel zog
den roten Schal hervor, den Esther ihm mitgegeben hatte. Er vermittelte ihm ein Gefühl von Vertrautheit und
Nähe, die Wärme tat ihm wohl. Dennoch fror er gegen
Morgen ebenso fürchterlich wie alle andern, und erst als
die Sonne aufging, wurde die Temperatur erträglicher.
Ohne Frühstück brachen sie auf, um das letzte Stück des
Wegs hinter sich zu bringen.

Die Straße war, obwohl sie durch menschenleeres Gebiet führte, in hervorragendem Zustand. Der Grund war
klar: Auf ihr wurde der Nachschub für die römische Armee herangeführt. Doch zurzeit war hier niemand unterwegs. So konnten sie ungestört die geradezu unwirk-
liche Landschaft studieren. Vier Farben beherrschten das
grandiose Bild: das helle, reine Blau des Himmels, das
sich intensiv im Wasser des Binnenmeeres spiegelte; ein
unwirklich leuchtendes, golden schimmerndes Ocker-
gelb, das die Sonne auf die Felsformationen der Gipfel
und die welligen Sandflächen und Dünen zauberte; steil
abstürzende Felswände waren von steinernen, rotbrau-
nen Bändern durchzogen, die an Rost erinnerten. Wo die
Sonne nicht hinreichte, waren die Schluchten, Wände
und Schründe so schwarz, dass das Auge Mühe hatte,
Einzelheiten zu erkennen. In der flimmerfreien Luft

rückten die fernsten Berge so nahe heran, dass man die Täuschung wohl erst spüren würde, wenn man vorgehabt hätte sich dorthin zu begeben. Direkt über ihnen kreisten in großer Höhe zwei Raubvögel.

»Adler!«, bemerkte Ioannes, dem Daniels Blick nach oben nicht entgangen war.

Kurze Zeit später hielt Iskander an, wies nach vorne und erklärte: »Da! Das ist sie! Da oben auf dem Plateau! Beeindruckend das!«

»Nun ja«, meinte Ioannes, »aber wir brauchen noch über eine Stunde bis dahin!«

Iskander fuhr herum: »He, woher weißt du das?«

»Ich hab hier schon mal Schafe gehütet.«

»Muss aber lange her sein, wie?«

»Wie man's nimmt: vier Jahre.«

Daniel sah, dass diese selbstsichere Antwort eines Sklaven dem gestandenen ehemaligen Centurio gar nicht gefiel, und er erwartete eine Zurechtweisung. Doch Iskander schwieg. Unter den gegebenen Umständen wäre eine scharfe Rüge eine grobe Unhöflichkeit gegenüber Daniel gewesen, der zwar nicht Ioannes' Besitzer, wohl aber sein Vorgesetzter war. Sie ritten weiter.

Zwei Stunden später näherten sie sich dem römischen Lager. Sie sahen es noch nicht, rochen es aber. Das scharfe Aroma von Lagerfeuern lag in der Luft, so roch es, wenn harzige Hölzer verbrannt wurden. Es war nicht unangenehm und erinnerte an das Räuchern von Schinken. Dann sahen sie den Rauch zu Füßen des Bergmassivs, auf dem sich die Festung Massada befand.

123

Er zog in dunstigen Schwaden herüber. Sie lösten sich bald auf. Doch der Geruch blieb in der Luft.

Sie konnten die Anhöhe, auf der das Hauptlager der Römer lag, nicht auf direktem Weg erreichen, sondern mussten den ganzen gewaltigen Berg, auf dessen Plateau Massada lag, umrunden. Das Reiten und Fahren auf dem unwegsamen Gelände war schwierig. Die Maultiere gaben das Letzte, was sie noch an Kraft besaßen. Die Straße führte in geringem Abstand an dem Belagerungswall entlang, mit dem die Römer den Fuß des Berges wie mit einer undurchdringlichen Kette eingeschlossen hatten. Überall patrouillierten Soldaten, die bestimmte Abschnitte wachsam im Auge behielten.

Als sie näher herankamen, sahen sie, dass vor dem mit Palisaden, Türmen und Toren gesicherten Lager allerlei Buden und Zelte standen. Das mussten die Unterkünfte und Läden jener Leute sein, die Iskander neulich abfällig Geschmeiß genannt hatte. Unter den Männern bewegten sich hier und da auch Frauen.

Von allen Seiten wurden die Neuankömmlinge mit ungenierter Neugierde begutachtet, doch sie störten sich nicht daran. Iskander steuerte zielsicher auf eines der Tore zu und ließ auf dem freien Platz davor halten. Sie hatten ausgemacht, dass er zunächst allein den Dienst habenden Offizier über die Ankunft der Handelsdelegation informieren sollte. Geradezu reflexartig zogen die beiden Posten ihre Waffen und der eine raunzte: »Halt, Mann! Hier kannst du nicht rein! Zivilisten ist der Zutritt verboten!«

Daniel, Pilesar, Ioannes und die beiden Schreiber verfolgten gespannt, was sich daraus entwickeln würde. Nun musste sich zeigen, ob Iskander tatsächlich der Mann war, für den er sich am Tag der offenen Tür ausgegeben hatte.

Doch schon die erste Reaktion Iskanders war von der Art, wie sie nur einem ehemaligen Centurio zur Verfügung stand.

»Soll wohl 'n Witz sein, wie?«, donnerte er ohne Übergang los. Dann beugte er sich vor und grollte: »Mann, was sehe ich denn da, wie?! Tolles Ding das!«

Er schüttelte fassungslos den Kopf, wies auf das dunkelrote Halstuch des Legionärs, drehte sich zu seinen Reisebegleitern um und erklärte so laut, dass alle im Umkreis von fünfzig Schritt es hören mussten: »Ist zwar schon *excubitor**, weiß aber immer noch nicht, wie man sein Halstuch ordentlich bindet! Tolle Sache das!«

Der Posten sah aus, als ob er gleich handgreiflich werden würde, doch er zögerte. Sei es, dass die unglaublich selbstsichere Art des Unbekannten ihn beeindruckte, sei es, dass ihm die zahlreichen Narben in dessen Gesicht zu denken gaben – er war sich seiner Sache nicht mehr sicher. Das war sein Fehler, denn Iskander nutzte die Gelegenheit auf der Stelle.

»Name!«, bellte er.

»Ba. . . Ba. . . Barbarus Pulcher.«

»Soll wohl 'n Witz sein, wie?! – Passt aber! Toll das!«

---

* Wachsoldat

Daniel und Pilesar grinsten: Der Name bedeutete ›Schöner Barbar‹.

»Einheit?!«

»Zehnte Legion, Zweite Kohorte, Erster Manipel, Zweite Zenturie!«

»Auch das noch! Wie lange im Dienst?«

»Vier Jahre, fünf Monate, drei Tage!«

»Ist ja nicht zu fassen! Zählt schon die Tage! – Herhören!« Wieder horchte alles im Umkreis auf. »Es wird behauptet, ich sei der Bruder des Charon!« Iskander meinte den Fährmann der Unterwelt, der die Schatten der Verstorbenen über den Acheron ruderte. Dazu grinste er fröhlich und schloss: »Irrtum das! Ich bin es selber! V'standen?«

Längst hatte der Posten begriffen, dass ihm ein Offizier in ziviler Kleidung gegenüberstand. Und zwar einer von der schärfsten Sorte. Er nahm Haltung an, riss die Hacken zusammen und stieß ein gewaltiges »Jawohl!« hervor.

»Na also.« Iskander nickte zufrieden und fuhr versöhnlicher fort: »Nun gehe hin und melde dem edlen Clodius Marcellinus die Ankunft des Centurios Marcus Antonius Alexander Serenus! V'standen?!«

»Jawohl!«

»Wegtreten!«

»Jawohl!«

Der Optio machte zackig kehrt und trabte im Laufschritt durchs Tor und ins Lager. Längst hatte der zweite Posten an seinem Halstuch genestelt und es in eine

Form gebracht, von der er annahm, sie werde bei Iskander Gnade finden. Iskander kommentierte das mit einem wohlgefälligen Nicken, schwieg aber. Er hatte erreicht, was er wollte.

Es dauerte nur wenige Augenblicke, bis der erste Posten zurückkam. Er bat den »edlen Centurio Marcus Antonius Alexander Serenus« ihm ins Lager zu folgen. Iskander grinste zu Daniel und Pilesar hinüber und sein Blick sagte: ›So musst du mit den Jungs reden, klar!‹

Daniel und Pilesar ließen sich neben dem Tor auf einem großen Stein nieder und blickten sich um. Dabei wanderte Daniels Blick allmählich zum Berg hin, dessen Flanke voll in der Nachmittagssonne lag und golden erglühte. Auch die Mauer der Festung an der oberen Kante hatte diesen warmen Goldton angenommen. Doch dann schrak Daniel zusammen.

Pilesar bemerkte es und fragte leise: »Was hast du?«

»Da drüben, am Berghang . . .!«, stieß Daniel ebenso leise hervor und deutete mit dem Kopf in die Richtung. »Siehst du das? Sie haben damit begonnen, eine Rampe zu bauen!«

Pilesar nickte langsam. »Es ist mir nicht entgangen.«

Daniel, außer sich über die Ruhe Pilesars, konnte sich kaum noch zurückhalten: »Ja, weißt du denn nicht, was das bedeutet?!«

»Nun, sie haben offenbar vor, da oben auf dem Felsvorsprung unterhalb der Festungsmauer einen Belagerungsturm in Stellung zu bringen.«

»Und dafür brauchen sie die Rampe . . .«

»Genau. Noch befinden sich die Pioniere außerhalb der Schussweite der Verteidiger. Doch sobald die Belagerten sie von oben mit ihren Geschossen erreichen können, dürfte es für die Römer sehr ungemütlich werden.«

Beide schauten angestrengt hinüber. Blendend weiß hoben sich die frisch gehauenen Kalksteine der Aufschüttung von ihrer Umgebung ab, der Damm war noch nicht weit vorangeschritten, doch seine Richtung war klar zu erkennen. Die Rampe zielte genau auf den Felsvorsprung unterhalb der Festungsmauer. Noch war die Entfernung zu den bereits aufgeschütteten Steinen und Erdhaufen zu groß, um die Arbeiten von oben durch Beschuss erfolgreich zu stören.

In gewohnter Ruhe fuhr Pilesar fort: »Wie sagte Matthias ben Jaïr: Der neue Befehlshaber Flavius Silva scheint wirklich entschlossen zu sein, die Festung mit allen Mitteln römischer Kriegskunst anzugehen.«

»Meinst du, er wird es schaffen?«, fragte Daniel atemlos.

»Das weiß ich nicht. Das hängt davon ab, wie viele erfahrene Krieger sich da oben befinden. Da muss jede wirksame Gegenmaßnahme sehr genau überlegt werden.«

»Wie lange, schätzt du, werden sie brauchen, um bis zu dem Vorsprung zu gelangen?«

»Keine Ahnung. Das ist unter den gegebenen Bedingungen eine unglaublich harte Arbeit!«

»Meinst du, sie haben da oben wirklich genügend Vorräte und Wasser?«

»Wie soll ich das alles wissen, Daniel? Aber es heißt, die Festung hätte Vorräte für sehr, sehr lange Zeit.«

»Monate . . .?«

»Bestimmt.«

»Jahre?«

»Vielleicht. Wer kann das wissen?«

Ioannes, der bisher interessiert und schweigend diesem Gespräch gelauscht hatte, meldete sich zu Wort: »Das ist der Weiße Felsen! Sie wollen auf den Weißen Felsen!«

Daniel fuhr herum und starrte Ioannes an. »Woher weißt du das?«

Ioannes grinste. »Ich habe hier schon Schafe gehütet.«

»Hier? Aber hier wächst doch nichts!«

»Auf den ersten Blick meint man das. Aber das täuscht. Es gibt hier an schattigen Stellen und in den Schluchten allerlei Sträucher, Dornengestrüpp und harte Trockengräser. Damit werden Schafe ohne weiteres fertig.«

Daniel fragte nach: »Warst du auch schon da oben?«

»Nein.«

»Und woher weißt du das mit dem Weißen Stein?«

»Von einem Beduinen aus dieser Gegend.«

Sie wurden in ihren Spekulationen gestört, denn in diesem Augenblick trat der erste Posten vor sie hin und teilte Daniel und Pilesar mit, der Tribun Clodius Marcellinus wünsche sie zu sprechen. Sie erhoben sich und folgten ihm ins Innere des Lagers.

XV

Etwa zur gleichen Zeit näherte sich einem großen Gebäudekomplex, der an der Westseite der Bergfestung in unmittelbarer Nähe der Mauer lag, eine Gruppe von Männern. Sie gingen gemächlich, blieben auch immer wieder stehen, denn sie führten eine erregte Unterhaltung. Wenn man genau hinschaute, zählte man zehn, zwölf, ja vierzehn Männer. Sie waren zwar verschiedenen Alters, doch die meisten schienen älter als fünfzig Jahre zu sein. Ihr Haar war bereits schütter, glanzlos und grau, ihre Gesichter faltig, die Rücken von einigen gekrümmt. Nur zwei hatten jüngere Gesichter, doch ihr wahres Alter ließ sich nur schwer schätzen, da sie wie die andern gestutzte Vollbärte trugen, die Kinn und Wangen verbargen. Dennoch war nicht zu übersehen, dass ihre Gesichter von harten Strapazen gezeichnet waren, die sie älter aussehen ließen, als sie waren. Es fiel auf, dass diese beiden sich kaum an der erregten Unterhaltung der anderen beteiligten. Sie blieben zwar ebenfalls stehen, wenn die Gruppe Halt machte, hörten sich das eine und andere an, nickten dazu oder schüttelten ablehnend den Kopf. Dann warfen sie sich einen Blick zu, der so viel sagte wie: Was ist das doch für ein Unsinn! Aber sie schwiegen.

Das Gebäude, dem die Gruppe zustrebte, lag an der höchsten Stelle des Plateaus. Bis zum noch größeren Palastkomplex an der Nordspitze der Hochfläche – von hier etwa ein Stadion entfernt – stieg das Gelände noch einmal etliche Fuß an.

Die Männer näherten sich der östlichen Außenmauer des zweistöckigen Baus, folgten ihr bis zur nördlichen Ecke, bogen dort links ab und erreichten nach wenigen Schritten den Haupteingang des Palastes. Rechts und links des Tores standen mit Schild, Schwert und Dolch bewaffnete Posten in unmilitärischer Kleidung. Dennoch erkannte man auf den ersten Blick, dass es sich bei ihnen um erfahrene Soldaten handelte. Sie nahmen Haltung an, hoben zum Gruß die Schilde und meldeten: »Keine besonderen Vorkommnisse!«

»Weitermachen!«, sagte einer der Männer. »Höchste Aufmerksamkeit!«

Die Posten nickten ernst.

Die Ankömmlinge betraten einen Gang, der sehr schmal war und darum im Ernstfall leicht zu verteidigen. Rechts und links einfache, aber sehr stabile Bänke aus Zedernholz, auf denen weitere Posten in Bereitschaft saßen. Von den Eintretenden nahmen sie nicht weiter Notiz, woraus man schließen konnte, dass diese des Öfteren hier zu tun hatten.

Hinter der Wachstube öffnete sich ein großer, langer Innenhof. Gleich rechts und links befanden sich zwei Türen. Die rechte wurde geöffnet, eine ältere Frau und zwei halbwüchsige Kinder steckten neugierig die Köpfe heraus.

Die Männer beachteten sie nicht, denn sie waren noch immer lebhaft in ihr Gespräch vertieft.

Die Frau, vielleicht sechzig, in einfacher, graubrauner Kleidung, trat auf den Hof und rief resolut hinter den Männern her: »Wie lange wird es dauern?«

Einer drehte sich um und sagte: »Lässt sich schwer abschätzen. Warum willst du das wissen, Elisabeth?«

»Wegen des Abendessens.«

»Natürlich. Falls es länger dauert – was ich nicht glaube –, werden wir eine Pause einlegen. Stell dich mal auf Sonnenuntergang ein.«

Er ging zurück und auf sie zu, beugte sich zu ihrem Ohr und sagte leise, aber sehr bestimmt: »Du hältst dich doch an die Anweisung?!«

»An welche?« Es klang, als ob sie auf gleicher Ebene miteinander verkehrten.

»Dass wir dasselbe Essen bekommen wie alle andern.«

»Natürlich, Eleazar.« Elisabeth nickte, aber in ihrem Gesicht bildeten sich zwei scharfe, abwärts weisende Falten.

Sie zog sich in den Raum zurück, aus dem sie gekommen war, während der Graubärtige zu den andern aufschloss, die den Innenhof schon durch den hinteren Ausgang verließen.

Es folgte ein weiterer Gang. Er war kürzer, fensterlos und darum düster und kalt. Doch schon nach wenigen Schritten öffnete sich ein zweiter Innenhof, der in gleißendes Licht getaucht war. Trotz der Kühle draußen war es hier angenehm warm, die Sonnenstrahlen wurden von den Wänden, vom steinernen Gebälk und den Säulen zurückgeworfen.

Sie gingen weiter, zwischen zwei Säulen hindurch, dann nach links und traten in einen überdachten Raum, der etwa dreißig Fuß lang und sechzehn Fuß breit war. Er erhielt sein Licht vom Hof her, doch die zahlreich an den Wänden angebrachten Öllampen mit Metallspiegeln sowie zwei große Kandelaber mit brennenden Kerzen illuminierten den Raum geradezu festlich. Der gesamte Fußboden wurde von einem Mosaik ausgefüllt, das in vollendeter Komposition mit geometrischen Formen und Farben spielte. Das mittlere Rechteck war vollkommen symmetrisch unterteilt in drei achtarmige Rosetten, deren blattförmige, ovale Felder mit nur vier Farbtönen spielten: einem warmen Rotbraun, einem scharf kontrastierenden Schwarz, leuchtendem Ocker und kühlem Graublau. Um diese Felder herum liefen, in wunderbarem Gleichmaß von der Mitte ausgehend, Bänder aus Rankenwerk und verschieden geordneten Mäandern, die nach außen hin immer heller wurden. Blickte man aus größerem Abstand auf dieses aus winzigen Steinchen zusammengesetzte Kunstwerk, hätte man es für einen kostbaren Teppich halten können.

Die Ärmlichkeit ihrer schäbigen, notdürftig geflickten Kleidung, die Ungepflegtheit dieser Männer mit verwahrlostem, struppig verkrustetem Haar, schmutzigen Händen und Füßen, die in völlig verschlissenen Sandalen steckten – ihre ganze Erscheinung stand in einem solch herausfordernden Gegensatz zur prachtvollen Ausstattung dieses Raumes, dass ein versteckter Beobachter die armseligen Gestalten wohl für Bettler

gehalten hätte, die sich hier unberechtigt Eintritt verschafft hatten.

Dieser Kontrast wurde noch verstärkt durch einen
steinernen Aufbau in der hinteren rechten Ecke: Auf
kniehohem Marmorpodest stand ein hochlehniges,
thronartiges Gestühl aus dunklem Ebenholz, über und
über geschmückt mit reliefartigen Auflagen aus Elfen-
bein und purem Gold. Die Armlehnen endeten in Lö-
wenköpfen, die Füße in den Klauen der königlichen
Tiere. Kein Zweifel, hier konnte es sich nur um den
Thron eines Fürsten handeln, zumal das Ganze in der
Höhe von einem Baldachin beschirmt wurde, der, wie
man aus dem Glanz des Stoffes schließen konnte, aus
reiner Seide gewirkt und von Goldfäden durchzogen
war.

Der edle, hochherrschaftliche Eindruck des Raumes
wurde freilich barbarisch gestört – nicht nur durch die
Anwesenheit der armseligen, zerlumpten Gestalten,
sondern mehr noch durch ein hässliches, plumpes Ge-
bilde am Rande des Mosaiks: Aus grob behauenen Steinen gemauert, stand dort ein primitiver, viereckiger
Herd. Er war von der handfesten Art, wie man sie vielleicht in der Berghütte eines Hirten fand. Am Boden
waren verrottete Holzstücke, Stroh und Reisig gestapelt. Der schwarze Belag der quadratischen Feuerstelle,
die Reste von verbranntem Holz und die feine weiß-
graue Asche verrieten, dass hier regelmäßig ein Feuer
brannte. Die Decke des Raums zeigte eindeutig die Spuren, die der frei aufsteigende Rauch hinterlassen hatte,

denn genau über der Feuerstelle verunstalteten hässliche schwarze Flecken das reine Weiß. Sie setzten sich fort zu den Durchgängen des Innenhofs und hatten ihren schmierigen Belag schon über die benachbarte Wandbemalung ausgebreitet.

Doch niemanden der Anwesenden schien diese Verunstaltung des Raumes zu stören. Im Gegenteil. Der Mann, der mit Elisabeth gesprochen hatte, rieb sich die Hände und schlug vor: »Wir sollten Feuer machen. Es wird kalt werden.«

Sofort machte sich einer der beiden Jüngeren an die Arbeit, stapelte Stroh, Reisig und Holz aufeinander und brachte es mit einem Bündel Stroh zum Brennen, das er über einer Öllampe entzündet hatte.

Währenddessen nahmen die andern auf roh gezimmerten Hockern und Stühlen Platz, die ebenfalls nicht zur ursprünglichen Ausstattung des Raumes gehörten. Sie wurden halbkreisförmig so geordnet, dass die Blicke der Sitzenden auf den Mann fielen, der ihnen gegenübersaß. Es war der gleiche, der mit Elisabeth gesprochen und der das Feuer hatte anzünden lassen.

Mit ruhiger, kühler Stimme begann er: »Ihr wisst, warum ich euch habe rufen lassen. Die Römer haben mit dem Bau einer Rampe begonnen. Ihr Zweck ist klar: Sie wollen ihr Kriegsgerät und ihre Soldaten auf eine höhere Ebene bringen. Sie soll möglichst nahe an der Mauer liegen. Und dort können sie einen ihrer Rammböcke in Stellung bringen, um eine Bresche in die Mauer zu schlagen.

Vor zwei Tagen habe ich darum Absalom und Ionathan beauftragt sich ein Bild vom Stand dieser Arbeiten
zu machen. Vor allem aber sollten sie versuchen herauszufinden, bis zu welcher Höhe dieser Damm aufge-
schüttet werden könnte.

Ihr wisst, dass beide als Truppenführer erfolgreiche
Einheiten an verschiedenen Kriegsschauplätzen kom-
mandiert und deshalb große Erfahrung mit römischer
Strategie und Taktik haben. Von ihren Erkenntnissen
wird abhängen, ob und wie wir in der Lage sein werden,
die Arbeiten unserer Feinde zu stören und schließlich
zu vereiteln.«

In Erwartung eines Einwands oder einer Frage blickte er in die Runde. Als sich niemand zu Wort meldete,
wandte er sich an den Jüngeren der beiden: »Bitte, Absalom, du kannst beginnen.«

Absalom nickte. Wenn auch die Seiten seines Gesichts
vom Bart verdeckt wurden, war die Ähnlichkeit mit seinem Bruder Daniel nicht zu übersehen. Die gerade und
schmale Nase, die großen dunklen Augen, die hohe
Stirn, das schwarze Haar und die kräftigen Backenkno-
chen waren auch Daniel eigen. Doch Absalom war größer, sein Brustkorb breiter, die Hände kräftiger und sein
Blick ruhiger. Er erhob sich, ging nach vorne, verbeugte
sich vor dem Ältesten und wandte sich an die Versamm-
lung: »Ich danke Eleazar ben Jaïr für das Vertrauen, das
er in mich und Ionathan setzt. Ich werde versuchen
mich dessen würdig zu erweisen.«

Sein Blick wanderte über die Köpfe und weiter bis

zum lodernden Herdfeuer. In schnellem Wechsel warfen die Flammen farbige Lichtreflexe an die Decke und auf die Wände. Absalom hob den Arm und zeigte auf die Flammen: »Die Römer werden versuchen so hoch und so nahe wie möglich an die Mauer heranzukommen, um dort einen Rammbock in Stellung bringen zu können. Und sie werden Feuer einsetzen!«

»Na und?«, wandte einer der Alten ein. »Mit Feuer lässt sich unsere Mauer nicht zerstören!«

»Das mag schon so sein«, entgegnete Absalom. »Aber sie werden mit Schleudergeschützen Feuerbomben über die Mauer schießen.«

»Feuerbomben? Wohin denn?«, fragte der Alte kritisch. »Etwa auf das freie Feld hier oben? Sie haben doch keine Ahnung, wo unsere wichtigsten Gebäude stehen.«

Absalom straffte sich und gab zurück: »Da bin ich allerdings anderer Meinung. Es ist allen hier bekannt, dass es immer wieder einigen von unsern Leuten gelungen ist, Massada bei Nacht zu verlassen . . .«

»Verräter!«, rief einer voller Abscheu.

Absalom ging nicht darauf ein, sondern fuhr ruhig fort: »Ich bin sicher, dass sie zum großen Teil dem Feind in die Hände gefallen sind. Die Römer haben den ganzen Berg mit Wall und Palisaden eingeschlossen, die Tag und Nacht scharf bewacht werden.«

»Keiner von uns würde zum Verräter an den Mitbrüdern werden!«, warf ein anderer ein. »Eher würden sie sterben wollen!«

»Bist du da ganz sicher?«, fragte Absalom.

Ein Dritter warf ein: »Gerade ihre Flucht aus der Festung beweist doch, dass sie unsere Sache verloren gegeben haben. Das ist schändlich. Und jemand, dem sein Leben wichtiger ist als das Schicksal seiner Gefährten, hat natürlich erst recht keine Hemmungen, auf gewisse römische Fragen die richtigen Antworten zu geben.«

»Niemals!«, rief der erste Sprecher. »Das kann ich mir nicht vorstellen!«

Doch sein Gegenüber blieb dabei: »Dann weißt du wohl nicht, dass die Römer sehr wohl über Methoden verfügen, um einen schweigsamen Mann entgegen seinen guten Vorsätzen und Gelöbnissen zum Reden zu bringen!«

»Was nun die Arbeiten an der Rampe betrifft«, fuhr Absalom betont sachlich fort, »so ist die Absicht klar: Sie zielen auf den Weißen Felsen, um dort ihre Maschinen in Stellung bringen zu können.«

Wieder wandte der erste Sprecher ein: »Das ist doch vollkommen unmöglich! Die Struktur des Felsens ist unregelmäßig, das ganze Gebiet ist mit hindernden Graten übersät. Wie wollen sie da einen Rammbock aufstellen?«

»Ganz einfach«, sagte Absalom leise, aber deutlich. »Sie werden das hindernde Gestein abtragen.«

Ein Raunen ging durch die Reihen der Männer. Einer rief: »Abtragen? Das werden wir zu verhindern wissen. Sie befinden sich unmittelbar unterhalb der Mauer und im Bereich unserer Waffen!«

»Gewiss. Aber für diesen Fall werden sie Vorsorge tragen und Schutzdächer errichten, in deren Schutz sie arbeiten.«

»Das kann ich mir nicht vorstellen! Das wäre ohne Beispiel!«

»Keineswegs«, beharrte Absalom. »Ich habe es während der Belagerung Jerusalems mehrfach erlebt, wie sie trotz unserer Gegenmaßnahmen die Rammböcke hinter den Schutztürmen in Stellung brachten. Diese Vorrichtungen widerstanden sogar den mit Steinöl* getränkten Strohballen, die wir als Brandgeschosse gegen sie einsetzten.«

Eleazar ben Jaïr, der bisher geschwiegen hatte, wandte sich an Ionathan mit der Frage, ob er der gleichen Meinung sei wie Absalom.

»Ja, das bin ich«, beteuerte dieser.

»Und vergesst eines nicht«, fügte Absalom sehr ernst hinzu. »Die Zehnte Legion, die den Kern ihrer Truppen bildet, gilt als die gefährlichste Waffe des Imperiums. Diese Soldaten weichen keinen Schritt zurück, sie kennen kein Erbarmen mit dem Gegner und sind die grausamsten Kämpfer, die ich je erlebt habe. Für sie gibt es nur Sieg oder Tod.«

Eine Weile schwiegen alle. Dann wandte sich Eleazar ben Jaïr an Absalom und Ionathan: »Ich danke euch für eure offene Darlegung der Lage.« Er stockte einen Moment, bevor er nachdenklich fortfuhr: »Allerdings ziehe

---

* Erdöl

ich daraus nicht die gleichen pessimistischen Schlüsse wie ihr. Und die Mehrheit der Anwesenden offenbar ebenfalls nicht.«

Die meisten nickten beifällig.

»Wir werden die notwendigen Vorsorgemaßnahmen treffen. Die Mauer muss an der gefährdeten Stelle verstärkt werden. Alle Gegenstände aus Metall, die sich in den verschiedenen Palästen, Unterkünften, Arsenalen und Vorratskammern befinden, werden eingeschmolzen und zu Schwertern und Pfeilspitzen umgearbeitet.«

»Auch Gold?«, fragte einer.

»Auch Gold! Wir werden gleich mit den Schmieden reden. Das Material muss herbeigeschafft werden. An die Arbeit!«

Er wies den einzelnen Teilnehmern ihre Aufgaben zu. Die Beratung wurde geschlossen.

Im Stehen nahmen sie im langen Innenhof ihre Abendmahlzeit zu sich, die von Elisabeth und ihren Frauen zubereitet worden war. Es gab Fladenbrot, gekochte Erbsen, verschiedene Gemüse und Wasser.

Gesättigt und überzeugt, dass alles zu einem guten Ende führen würde, verließen schließlich alle bis auf Eleazar ben Jaïr den Westpalast, den einst König Herodes errichtet hatte.

Eleazar wartete, bis alle den Hof verlassen hatten, dann trat er zu Absalom: »Wie hast du eben gesagt: Sieg oder Tod?«

»Das habe ich gesagt, ja.«

Eleazar sah ihn durchdringend an, seine dunklen Augen glühten geradezu unheimlich, als er leise, aber bestimmt erklärte: »Das Gleiche gilt auch für uns!«

Er ließ Absalom stehen und folgte den anderen.

XVI

Absalom machte sich nicht gleich auf den Weg zu seiner Unterkunft an der Südspitze des Plateaus, sondern wandte sich nach links, um noch einmal das Westtor in Augenschein zu nehmen.

Ionathan, der ihm gefolgt war, sprach ihn an.

»Falls es ihnen tatsächlich gelingt, die Rampe bis auf Höhe des Weißen Felsens zu bringen, werden sie die Mauer brechen und wir sind verloren. Das wolltest du doch eben sagen – oder?«

»Sicher. Allerdings werden sie sich nicht hier am Tor festbeißen, sondern da!« Absalom wies etwa dreißig Schritt weiter nach Norden. »Der Befestigungsturm da drüben befindet sich genau über dem Weißen Felsen.«

Sie gingen hinüber und kletterten über die inneren Leitern auf die mit Schießscharten bewehrte Plattform des Turms. Die beiden Posten grüßten sachlich.

Ionathan beugte sich vor und blickte den fast senkrecht abfallenden Steilhang abwärts. Etwa zweihundert-

141

fünfzig Ellen* trennten sie von den römischen Pionieren. Obwohl es schon dämmerte, waren die Römer immer noch unermüdlich damit beschäftigt, Steine, Schutt und Geröll herbeizuschaffen. Es wimmelte von Karren, Wagen, Zugtieren, Seilzügen und Rollen aus runden Stämmen.

»Und wir können sie nicht daran hindern!«, stellte Ionathan niedergeschlagen fest. »Oder wüsstest du, wie?«

»Nein«, sagte Absalom.

Sie betrachteten eine Weile das Geschehen, als Ionathan fragte: »Was hat er da eben zu dir gesagt?«

»Eleazar?«

»Ja.«

»Er sagte: ›Das Gleiche gilt auch für uns.‹«

»Also siegen oder untergehen.«

»Ja.«

»Mein Gott!«, stieß Ionathan hervor. »Dann meint er es also ernst!«

»Was?«, fragte Absalom.

»Was ich gestern gehört habe.«

Absalom starrte ihn an. »Was? Was hast du gehört?«

Ionathan zögerte: »Ich wurde zufällig Zeuge eines Gesprächs, das Eleazar mit einem seiner Vertrauten führte.«

»Mit wem?«

»Das ist doch unwichtig.«

---

* Vgl. Maße im Anhang

»Keineswegs. Mit wem also?«

»Ich glaube, es war Hiskia. Gesehen habe ich ihn nicht, aber ich habe ihn an seiner Stimme erkannt.«

»Wo war das?«

»In Eleazars Unterkunft. Ich war draußen, konnte aber alles verstehen.«

»Und? Was hast du gehört? Nun sag schon!«

»Sie sprachen über den Bau der Rampe. Ich verstand nicht alles, aber das Wesentliche.«

»Was denn? Mann, sag's doch endlich!«

»Ich hörte deutlich, wie Eleazar dem Hiskia zu verstehen gab: ›Du bist dir doch wohl im Klaren darüber, dass wir den Römern nicht mehr lange standhalten können. Sobald sie den Rammbock auf dem Weißen Felsen installiert haben, ist alles verloren.‹ Das aber widerspricht dem, was er eben sagte!«

Absalom schüttelte ungehalten den Kopf. »Und was ist daran so aufregend?«

»Warte! Anschließend sagte er: ›Dann kann es für uns nur eines geben: den Tod!‹ – Und als Hiskia nachfragte, ob er damit den Tod aller hier oben meinte, bekräftigte Eleazar dies und sagte langsam, aber mit Bestimmtheit: ›Ja, aller!‹ Und das kann doch nur bedeuten, dass . . .«

Ionathan wagte es nicht auszusprechen, doch Absalom fuhr nüchtern fort: »Das bedeutet: Eleazar plant den gemeinsamen Selbstmord aller neunhundertsechzig Menschen hier oben.«

»Ja, aber . . .!«, rief Ionathan. »Du sagst das so, als ob

143

es sich um die selbstverständlichste Sache der Welt handelt!«

»Keineswegs. Aber es bestätigt meine Befürchtungen. Eleazar ist verbohrt, fanatisch, uneinsichtig, starrsinnig. Er ist ein blindgläubiger Eiferer, unbelehrbar, verrannt in seine abstrusen Vorstellungen von Religion und Freiheit. Er scheint sich für einen zweiten Moses zu halten! Dabei maßt er sich sogar an, über das Schicksal aller Menschen hier in Massada zu entscheiden. Ha! Ein Moses hätte zu Widerstand und Kampf aufgerufen!«

»Also bist du der Meinung, dass der Weg in römische Gefangenschaft und Sklaverei der bessere sei?«

»Es ist unsere einzige Rettung!«, sagte Absalom leise und sah Ionathan ernst an. »Es mag ja sein, dass dieser Krieg eine fürchterliche Prüfung Gottes ist, aber es kann nicht im Sinne des Herrn sein, dass hier an die tausend Menschen getötet werden, nur weil ein einzelner, verwirrter Geist es so will. Wenn wir denn für unsere Missetaten oder die unserer Väter bestraft werden sollen, dann genügen Gefangenschaft und Knechtschaft in der Fremde. Das hat unser Volk schon einmal in Babylon durchleiden müssen und hat überlebt. Im Übrigen . . .« Er fuhr noch leiser, doch eindringlich fort: »Ich jedenfalls werde nicht so lange warten, bis der bronzene Widderkopf des Rammbocks mit einem letzten Schlag die Mauer zertrümmert!«

»Heißt das . . .« Ionathan sah sich um, ob Lauscher in der Nähe waren, dann fuhr er atemlos fort: »Du willst fliehen?«

»Ja.«

»Ist dir klar, welches Risiko du dabei eingehst? Du kannst an den steilen, fast senkrecht abfallenden Felswänden zu Tode stürzen! Ich selbst habe gesehen, wie das vor drei Tagen mit Jakobus geschehen ist! Und er war jung, kräftig und geschickt – wie du!«

»Ich weiß.« Absalom schaute grimmig in die Tiefe.

»Und sollte dir die Flucht gegen alle Vernunft gelingen, läufst du unten römischen Patrouillen in die Arme! Das ist doch Wahnsinn!«

»Schade. Ich dachte, du würdest mitkommen.«

Ionathan schwieg. Er überdachte alles, was sie besprochen hatten, ohne zu irgendeinem Entschluss zu kommen.

Absalom ergänzte: »Zu zweit wäre es leichter. Überleg dir genau, was du tust! Du weißt, was hier oben auf dich zukommt! Was mich betrifft: Ich nehme Eleazar ben Jaïr beim Wort.«

»Wann wirst du's machen?«

»Morgen.«

»Schon morgen?«

»Ja. Ich habe beobachtet, dass die Römer ihre Leute wegen des Baus der Rampe an der Westseite konzentrieren. Die Linien im Osten haben sie verdünnt.«

»Also willst du es im Osten versuchen?«

»Ja. Über den Schlangenpfad.«

In Ionathans Gesicht arbeitete es. Furcht, Verzweiflung, aber auch ein unbedingter Lebenswille waren darin zu lesen. Er wusste, die Flucht war die letzte Chance, um hier oben lebend rauszukommen. Irgendwann – vielleicht in zwei, drei oder vier Wochen – war die Rampe fertig und die Römer würden zum Sturmangriff ansetzen: Dann traten zwanzigtausend kampferprobte römische Soldaten zum letzten großen Schlag an! Dabei würden die wenigen Krieger hier oben keinen Einfluss auf das kriegerische Geschehen haben. Absalom hatte Recht: Ein Leben als Sklave war immer noch besser als der Tod.

Er reichte Absalom die Hand und sagte: »Gut. Ich komme mit. Morgen!«

Während sie in der Dämmerung langsam zu ihrer Unterkunft gingen, besprachen sie die Einzelheiten des Unternehmens.

Am nächsten Morgen, eine halbe Stunde vor Sonnenaufgang, huschten zwei Männer, von Süden kommend, an der östlichen Mauer entlang. Noch war es so dunkel, dass niemand, der über das Plateau ging, sie sehen konnte, zumal ihre graubraune Kleidung sich nicht vom Ton der Mauer unterschied.

»Wir müssen auf die Posten achten!«, flüsterte Absalom. »Sie werden sofort Alarm schlagen, wenn sie uns bemerken!«

Sie hatten die Stelle erreicht, wo das Plateau sich am weitesten nach Osten ausdehnte; von hier ab schwenkte die Mauer wieder nach Nordwesten, zum großen Komplex des königlichen Sommerpalastes von Herodes. Nun mussten sie sich mit äußerster Vorsicht bewegen, denn in den Kasematten der Mauer befanden sich die

Quartiere zahlreicher Familien. Sie hofften, dass diese Menschen noch fest schliefen.

So näherten sie sich der Stelle, wo ein unscheinbares, kleines Tor in der Mauer es erlaubte, die Festung zu verlassen oder zu betreten – falls es offen war. Mittlerweile hatte die Dämmerung eingesetzt, der östliche Himmel begann sich rot zu verfärben. Die Gipfel der umliegenden Berge nahmen fast den gleichen Farbton an und leuchteten wie glühende Kohlestücke.

Schemenhaft konnte Absalom beim Tor eine Gestalt ausmachen. Also nur ein Posten? Man würde sehen.

Er wandte sich leise an Ionathan: »Ich werde ihn außer Gefecht setzen. Sollte ein zweiter auftauchen, übernimmst du den!« Er wiederholte: »Wie besprochen: nur außer Gefecht setzen! Dann fesseln! Alles klar?«

»Sicher«, gab Ionathan zurück. Er hatte während des Krieges schon schwierigere Situationen gemeistert.

Sie erreichten den Posten. Er gähnte, denn er hatte in der Nacht kaum geschlafen. Als er die beiden Offiziere erkannte, schloss er auf der Stelle den Mund und machte die übliche Meldung, nannte seinen Namen und rief: »Keine besonderen Vorkommnisse!«

Er hatte den Satz noch nicht ganz beendet, als Absalom ihm einen Faustschlag in den Magen versetzte. Der Posten ging gekrümmt zu Boden und blieb stöhnend liegen. Ionathan löste den Strick, den der Posten statt eines Gürtels trug, und fesselte ihn damit.

Absalom schaute wachsam nach allen Seiten. Es blieb still.

Dann widmete er sich dem Tor in der Mauer und murmelte: »Sehr gut! Sie haben sogar den Schlüssel stecken lassen!«

Die beiden Riegel oben und unten ließen sich leicht zurückschieben. Er zog den Schlüssel ab, öffnete die Tür und steckte ihn außen wieder ein. In diesem Augenblick hörte man in einiger Entfernung Stimmen. Sie mussten sich entscheiden. Der gefesselte Mann würde sogleich die Verfolger auf ihre Spur setzen. Aber was sollten sie mit ihm machen?

Kurz entschlossen befahl Absalom: »Fass an! Nach draußen mit ihm!«

»Ja, aber . . .« Ionathan leistete zwar der Aufforderung Folge, doch er hatte Skrupel. »Er wird da verhungern!«

»Nein. Er kann rufen. Sie werden ihn finden.«

Doch es kam ganz anders. Der Mann, wieder ganz bei Sinnen, richtete sich auf und sagte leise, aber bestimmt: »Nehmt mich mit! Bitte!«

Absalom und Ionathan wechselten einen Blick. Ionathan fragte: »Du willst weg von hier?«

»Ja.« Der Mann schien zu allem entschlossen.

»Warum?«

»Das wisst ihr so gut wie ich!«

Als Absalom ihm zustimmend zunickte, begann Ionathan die Fesseln zu lösen.

Absalom befahl: »Du gehst in der Mitte! Zur Sicherheit!«

Der Mann gehorchte ohne Widerspruch.

So schnell wie möglich entfernten sie sich von der

Pforte. Sie huschten wie Tiere, bemüht, kein auffälliges Geräusch zu machen. Der Pfad führte in mehreren Serpentinen abwärts. An manchen Stellen war er so steil, dass sie sich mit den Händen abstützen mussten, um nicht über die Kante in den gähnenden Abgrund zu stürzen, dessen Grund vier-, fünfhundert Fuß tief unter ihnen lag.

Längst war die Sonne aufgegangen und tauchte den Nordosthang, auf dem sie sich befanden, in goldenes Licht. Wenn jetzt oben jemand über die Mauer schaute, waren sie verloren.

»Wir müssen so schnell wie möglich die Felskante da vorn erreichen«, keuchte Absalom. Sein Atem ging schnell. »Da wechselt die Felswand nach Südwesten und liegt noch im Schatten! Los, weiter! Aber vorsichtig!«

Allen dreien war klar, dass sie sich in Lebensgefahr befanden. Mit höchster Konzentration bewegten sie sich am Hang schräg abwärts. Ihre Augen tasteten bei jedem Schritt das nächste vor ihnen liegende Stück des Weges ab, damit sie größere Hindernisse im Voraus erkannten und nicht fehltraten. Dass sie sich dabei fast ununterbrochen am tödlichen Abgrund entlangbewegten, schien fast nebensächlich. Sie hatten nur Augen für das Nächstliegende.

Als sie endlich die Wende erreichten, machten sie im Schatten eines überhängenden Felsens Halt, um ihre Kräfte zu sammeln.

»Wie heißt du?«, fragte Ionathan den Posten.

149

»Ari.«

»Hast du Familie?«

»Nein.«

»Warum willst du weg?«

»Weil ich Angst habe.«

»Wovor?«

»Es wurde was gemunkelt . . .«

»Was?«

»Dass . . . er . . . er wird uns alle umbringen.«

»Wer?«

»Eleazar.«

Ionathan warf Absalom einen ernsten Blick zu: In der Umgebung Eleazars musste eine undichte Stelle sein.

Ari beugte sich vor und schaute nach unten. »Wir müssen hier warten, bis die Dämmerung einsetzt.«

Ari hatte Recht. Absalom und Ionathan wussten es selbst nur zu gut. Der Weg hier führte direkt auf das römische Lager zu. Nach links zog sich der Belagerungswall fast um den ganzen Fuß des Berges. Rechts hörte er nach einer halben Meile auf.

Aber Ionathan wollte weiter. »Rechts sind steil abfallende Wände!«, gab er zu bedenken.

»Sicher«, sagte Ari. »Da brauchen sie keinen Wall. Kein vernünftiger Mensch wird versuchen da runterzuklettern.«

Und Absalom: »Wir haben Seile dabei!«

»Das nützt da wenig. Man verliert im wahrsten Sinn des Wortes den Boden unter den Füßen. Ich habe selbst von oben, von der Mauerkrone aus gesehen, wie einer versucht hat sich da abzuseilen. Er stürzte in die Tiefe. Noch immer höre ich ihn in meinen Alpträumen schreien.« Er wies nach links: »Die einzige Chance, da unten durchzukommen, liegt links, am Ende der *circumvallatio*.«

Er hatte das römische Wort für Umwallung benutzt, so dass Absalom fragte: »Warst du etwa in römischen Diensten?«

»Ja.« Ari grinste bitter. »Als Sklave.«

»Verstehe. Aber du bist abgehauen . . .«

»Ja.«

»Und direkt hierher?«

»Ja. Ich konnte ja nicht ahnen, dass ich vom Regen in die Traufe komme.«

»Also gut«, schloss Absalom, »wir bleiben bis zur Dämmerung hier. Dann sehen wir weiter.«

XVII

»He, Mann! Steh auf! Der . . . der Alte kommt!«

Der Legionär, dem diese Mahnung galt, schoss wie von einer Tarantel gestochen in die Höhe. Keinen Augenblick zu früh, denn schon näherte sich der Oberbefehlshaber Flavius Silva in Begleitung einiger Offiziere, die den Posten unbekannt waren. Offensichtlich waren auch sie erst kürzlich nach Massada versetzt worden und der Legat instruierte sie über die allgemeine Lage.

Beide Soldaten nahmen Haltung an und der erste brüllte: »Marcus Domitius Iulius und Aulus Volusius auf Posten! Keine besonderen Vorkommnisse!«

Flavius Silva nickte, betrachtete das Ende der *circumvallatio* und erklärte: »In Ordnung. Wie lange macht ihr hier schon Dienst?«

»Seit drei Tagen, Legat!«

»Nichts Auffälliges bemerkt?«

»Nein, Legat!«

»Gut. Haltet weiter Augen und Ohren offen! Seid wohl neu an diesem Abschnitt?«

»Jawohl!«, bestätigte Marcus Domitius.

Silva reichte die Erklärung nach: »Hier hat in letzter Zeit schon so mancher versucht durchzukommen.«

Und zu seinen Begleitern: »Obwohl es ziemlich sinnlos ist. Entweder werden sie von unseren Leuten aufgegriffen . . . oder sie stürzen da ab.«

Silva ging noch einige Schritte weiter und wies nach unten. An dieser Stelle fiel die Felswand fast senkrecht nach unten. Er schüttelte den Kopf: »Viele sind hier schon zu Tode gekommen.«

»Dann müssen sie gute Gründe dafür haben, ein solches Wagnis einzugehen, Legat«, gab einer der Offiziere zu bedenken. Er ging bis zur Abbruchkante, wo die *circumvallatio* endete, beugte sich vor und nickte. »Beim Hercules! Das ist tödlich!«

»Allerdings.«

»Warum machen sie das? Vielleicht hungern sie da oben?«

»Nein, das glaube ich nicht. Wir sind darüber unterrichtet, dass die Festung Wasser und Nahrung für Monate, wenn nicht Jahre hat.«

»Vielleicht schickt man sie los, um Verstärkung heranzuholen.«

»Verstärkung? Woher denn? Sie haben nichts mehr. In ganz Iudaea gibt es keine jüdische Einheit mehr! Nein, es muss etwas anderes sein. Aber was? – Wir haben einige Gefangene verhört. Aber da ist nichts Brauchbares zutage gekommen.«

»Nichts?«

»*Ita'st.* Na, ist jetzt auch unwichtig. Wenn die Rampe erst steht, werden wir durch die Mauer stoßen. Und sie werden uns nicht daran hindern können.«

Flavius Silva machte sich auf den Rückweg. Die Offiziere folgten ihm.

Der Soldat Marcus Domitius wartete, bis die Gruppe außer Sichtweite war, dann stieß er seinen Kameraden an und sagte: »Hast du das eben gehört?«

»Sicher.«

»Hast du schon mal einen hier gesehen?«

»So 'nen Flüchtling? – Nee. Bin doch wie du erst drei Tage hier auf Posten. War vorher auf der andern Seite von dem verdammten Berg.«

Marcus Domitius schaute nach oben, zur Festungsmauer, die im Abendlicht lag, und meinte: »Verstehst du das?«

153

»Was?«, fragte Volusius.

»Na, den ganzen Scheiß hier! Der Alte treibt einen Aufwand wie Caesar vor Alesia! Der ganze Berg ist von uns eingeschlossen! Acht befestigte Standlager mussten wir bauen, Wälle mit Gräben und Palisaden! Und Straßen für den Nachschub! Und das alles in den Fels rein- oder raushauen! Das steht doch in keinem Verhältnis zu den knapp tausend Leuten da oben, von denen wahrscheinlich weniger als die Hälfte mit einem Schwert umgehen kann! Das ist doch Wahnsinn! Die ha'm sie doch nicht mehr alle!«

»Mensch, bist du verrückt?! Wenn das der Alte hört!«

»Das ist *mir* doch egal! So denken doch alle hier! Du auch! Natürlich denkst du das!«

»Wennschon . . .«

»Wie, wennschon? Wieso denn *wennschon*, he?«

»Ändern kannst du nichts. Kann ja auch sein, dass der Kaiser das alles befohlen hat, nicht?«

»Der Kaiser? Lächerlich! Der Kaiser, der hat andere Sorgen.«

»Du vergisst, dass er bis vor vier Jahren, als er noch nicht Kaiser war, in Iudaea das Oberkommando hatte. Das hier geht ihm wahrscheinlich total gegen den Strich. Kannst du mir folgen?«

Und Volusius: »Bin ja nicht blöd.«

»Bist du sicher?« Domitius feixte fröhlich.

Doch Volusius ging nicht darauf ein, sondern hob ruckartig die Hand und flüsterte: »Da . . . da vorne! Da war was!«

154

»Wo?« Domitius blickte ins Dunkel.

»Da . . . am Ende der *circumvallatio.*«

Sie schlichen an der Palisade entlang bis zu der Stelle, wo die Felsen fast senkrecht nach unten stürzten. Lauschten angestrengt. Stille. Aber nicht lange. Da waren Schritte im Geröll. Dann wieder Ruhe. Erneute Schritte. Als ob sich da jemand vorsichtig nach unten bewegte. Es mussten zwei sein! Vielleicht sogar drei – oder mehr.

Domitius und Volusius sahen sich an, Domitius flüsterte: »Bleib du hier! Ich hole Verstärkung.«

Doch Volusius hielt ihn fest: »Bis dahin sind die über alle Berge!«

»Ja, willst du sie etwa laufen lassen?«

»Natürlich nicht! Wenn wir die kriegen, gibt das 'ne Auszeichnung! Für besondere Verdienste! Die will ich haben!«

Domitius kam nicht mehr dazu, etwas zu erwidern, denn in diesem Augenblick zerriss ein Schrei die einsetzende Dunkelheit.

Sie stürzten nach vorn bis zur Abbruchkante. Domitius beugte sich vor. Schemenhaft konnte er drei Gestalten erkennen. Drei Männer. Einer lag rücklings auf einer vorstehenden Felsplatte. Er rührte sich nicht. War er tot? Oder nur bewusstlos? Die beiden anderen kletterten vorsichtig abwärts, erreichten den Liegenden und sprachen auf ihn ein. Er gab keine Antwort. Einer von ihnen legte seinen Kopf auf den Brustkorb des Liegenden. Als er sich wieder aufrichtete, schüttelte er den

Kopf. Was er sagte, konnten Domitius und Volusius nicht verstehen.

»Mist!«, stieß Domitius hervor. Doch bevor er dazu kam, einen Entschluss zu fassen, was jetzt zu tun sei, hörte er in einiger Entfernung hinter sich die Stimme des Centurio Ulpianus, der leise, aber scharf hervorstieß: »Seid ihr verrückt geworden, hier so zu herumzuschreien?! Was ist hier los?«

Domitius erklärte es ihm und ging mit Ulpianus an die Kante. Mit einem Blick erfasste der Offizier die Situation. Er wandte sich leise an Volusius: »Herhören! Du holst die Posten von den nächsten Abschnitten her! Mit *pilum**! Sie sollen Seile mitbringen. Einen schickst du zum Befehlshaber dieses Abschnitts. Er soll mit zehn Mann den Ausgang der Schlucht besetzen. Beeilung!«

Volusius rannte davon.

Ulpianus starrte angestrengt nach unten und hoffte, dass die Verstärkung am Ort war, bevor die Deserteure in der Dunkelheit untertauchten. Ohne Wurfgeschosse konnten sie von hier oben nichts unternehmen.

Volusius kam mit vier Soldaten zurück. Alle trugen je zwei *pila*, zwei hatten eine Fackel dabei.

»Sehr gut!«, lobte Ulpianus. Dann brachte er die Männer in Schussposition. Die Entfernung zu den Flüchtigen betrug etwa vierzig Fuß.

---

* *pilum*, Mehrzahl *pila*: Wurfspieß mit eiserner Spitze, über 6 Fuß lang

Ulpianus schaute in die Runde: »Kann einer von euch Hebräisch?«

»Ich«, meldete sich ein Mann.

»Gut. Dann geh an die Kante und sag ihnen, dass sie hier nicht weiterkommen. Sag ihnen, auch der Ausgang der Schlucht sei von unseren Leuten besetzt. Sie sollen also keine Schwierigkeiten machen und sich ergeben. Andernfalls werden sie die Nacht nicht überleben.«

»Jawohl!«

»Sag ihnen: Um den dritten Mann werden wir uns kümmern, egal ob er tot oder lebendig ist. Kannst du das übersetzen?«

»Jawohl.«

Der Legionär stellte sich an die Kante und verkündete den Flüchtigen langsam, laut und deutlich, was der Centurio ihm vorgegeben hatte.

Eine Weile blieb es still.

Im flackernden Schein der Fackeln sahen die Soldaten, wie die beiden von ihrem liegenden Kameraden abließen, sich langsam erhoben und nach oben schauten. Dann rief der eine in fließendem Latein: »Wir haben verstanden. Wir werden uns nicht zur Wehr setzen. Werft uns ein Seil herunter!«

Es dauerte eine Viertelstunde, bis die Legionäre die beiden mithilfe der Seile nach oben gezogen hatten. Sie wurden sofort von den Legionären umringt, die ihnen die Waffen abnahmen und ihre Hände auf dem Rücken fesselten.

»Licht!«, befahl Ulpianus. Man leuchtete sie mit den

Fackeln an. »Wer von euch hat eben Latein gesprochen?«

»Ich«, sagte der Größere, wieder auf Latein.

»Hast du etwa in einer römischen Auxiliareinheit* gedient?«

»Nein.«

»Name!«

»Absalom. Absalom ben Nathan.«

»Was ist mit dem dritten Mann da unten?«

»Er ist tot«, sagte Absalom.

»Und wer ist das?« Er zeigte auf Ionathan.

Der nannte seinen Namen.

Der Centurio wandte sich an Domitius: »Herhören! Du und Volusius, ihr bringt die Gefangenen ins Lager!«

»Jawohl! Ins Lager!«

»Abmarsch!«

Während sie sich entfernten, begannen die Übrigen mit der Bergung der Leiche.

XVIII

Daniel, Pilesar, Iskander, Ioannes und die Schreiber Philon und Theokritos hatten die Nacht im Lager verbracht. Für angesehene Besucher und ihre Begleitung

---

* Hilfstruppen befreundeter Völker in römischem Dienst

standen immer Gästezelte bereit. Zwar schlief man auf Stroh, doch das war so reichlich vorhanden und mit wärmenden Fellen und Decken bedeckt, dass sie in der kalten Wüstennacht nicht froren.

Als Daniel am nächsten Morgen mit Pilesar von der Waschstelle zurückkam, sagte er zu Theokritos: »Wenn ihr euch gewaschen habt, kümmert euch ums Frühstück!«

»Jawohl! Frühstück!« Theokritos kopierte ganz offensichtlich den Umgangston der militärischen Umgebung. Er nahm sogar Haltung an, nickte energisch und machte sich, gefolgt von Philon, auf den Weg.

Schon nach wenigen Schritten hielt Philon ihn am Arm fest, so dass Theokritos stehen bleiben musste, und fragte mit der Hand am Ohr: »Was hat er gesagt?«

»Wenn du dich gewaschen hast . . .«

»Aha. Aber ich habe mich doch schon gewaschen.«

»Ausgezeichnet.«

»Sonst nichts?«

»Doch.«

»Was denn?«

»Du sollst dich waschen. Und wenn du dich gewaschen hast, sollst du dich ums Frühstück kümmern.«

»Aber ich bin doch schon gewaschen!«

»Eben!«

»Wieso eben?«

»Dann sollst du dich eben ums Frühstück kümmern.«

»Wieso denn das? Ich bin doch schon gewaschen! Du etwa nicht?«

»Was?«

»Gewaschen!«

»Nein.«

»Dann kannst du dich auch nicht ums Frühstück kümmern. Aber ich!«

»Was?«

»Ich bin schon gewaschen.«

»Ich nicht. Aber wenn ich gewaschen bin . . .«

»Was . . . was dann?«

»Ums Frühstück . . . ich meine, kümmern.«

»Aber du bist doch noch nicht gewaschen!«

»Darum werde ich das jetzt tun.«

»Und ich kümmere mich um das Frühstück.«

»Nein.«

»Wieso denn das?«

»Weil ich mich auch darum kümmere. Wenn ich gewaschen bin! Wir sollen uns beide darum kümmern.«

Philons Gesicht verfinsterte sich und er rief: »Du suchst Streit, nicht wahr! Streit! Immer suchst du, nicht wahr . . . Aber Streit kommt vor dem Fall! Wie sagte schon der göttliche Dichter: ›*Hominem etiam frugi flectit saepe occasio – Auch Gute macht Gelegenheit oft sündig!*‹ Sehr war, nicht wahr! Sehr . . .«

»Beim Hercules!«, brüllte Theokritos. »Ich suche keinen Streit. Aber du! Immer suchst du Streit! Du suchst aus den nichtigsten Anlässen Streit!«

»Das ist kein . . . kein nichtiger . . . nein, überhaupt nicht, nicht wahr! Und ich suche überhaupt keinen!«

»Was?«

»Streit!«

»Jetzt hör mir einmal gut zu!« Theokritos fixierte ihn grimmig. »Ich bin durchaus ein friedlicher Mensch, nicht wahr! Immer! Bei Tag und bei Nacht! Auch im Dunkeln! Aber du! Du ... du ... hach!« Er blickte aufstöhnend zum Himmel. »Was rede ich überhaupt mit dir! Da kann ich auch mit dem Mond reden!«

Theokritos ließ Philon stehen, stapfte hinüber zu dem großen steinernen Trog und begann sich zu waschen. Als Philon ihn erreichte, trocknete er sich gerade ab und brummte: »Du kannst ja schon gehen.«

»Wohin?«

»Dich ums Frühstück kümmern.«

»Nein.«

»Und warum nicht?«

»Weil du mitkommst. Wir sollen uns zusammen, nicht wahr, ums Frühstück kümmern. Das hat der Herr gesagt, ja! Zusammen!«

Einmal mehr stellte Theokritos fest, dass Philon sehr wohl alles verstand, wenn er wollte. Also lenkte er ein und sagte: »Nun denn ... Es wird hier sowieso nur trockenes Brot und Wasser geben. Kümmern wir uns darum!«

Als sie eine Viertelstunde später wieder beim Zelt erschienen, waren sie bepackt mit mehreren Leinenbeuteln und zwei Krügen, an denen sie schwer trugen.

Iskander, der sie kommen sah, rief: »Tolle Sache das! Was habt ihr denn ergattert?«

»Einiges.« Theokritos ging ins Zelt und breitete den

Inhalt der Beutel auf dem Klapptisch aus: helles Brot, Hartkäse und Schinken. Die Krüge enthielten Wasser.

Philon reckte sich und erklärte: »Nichts für ungut, Centurio. Die Zehnte Legion, nicht wahr, lässt sich nicht lumpen, nein. Wie schon der ehrwürdige Publilius Syrus wusste: ›*Beneficium dignis ubi des, omnes obliges – Wer Würdigen wohl tut, holt sich Dank von allen.*‹ Sehr wahr, nicht wahr!«

Alle zogen sich Klapphocker heran und machten sich über das Essen her. Iskander, wie immer gesprächig, meinte mit vollem Mund: »Na, habe ich zu viel versprochen?«

Das ging an Daniel und Pilesar, und der Syrer entgegnete: »Tolle Sache das!« Er grinste, als er das Erstaunen in Iskanders Gesicht sah, der plötzlich zu kauen aufhörte und schlucken musste, denn es war ihm noch nie vorgekommen, dass jemand seine ureigenste Redewendung imitierte.

»Nun, es geht«, fuhr Pilesar fort, »weit über unsere Erwartungen, nicht wahr, Daniel?«

»*Ita'st.*« Daniel wandte sich an die beiden Schreiber. »Nach dem Frühstück begleitet ihr mich zum Zahlmeister. Ihr werdet die Bestellungen aufnehmen. Vergesst also nicht die Schreibtafeln!«

Diesmal hatte sogar Philon verstanden, denn er nickte eifrig.

Nach dem Frühstück bekam Ioannes den Auftrag, das Zelt aufzuräumen und die Dinge, die man nicht unmittelbar brauchte, schon für die Rückreise einzupacken. Auf dessen Frage, wann sie denn wieder aufbrächen, sagte Daniel: »Wahrscheinlich morgen früh.«

Sie verließen das Zelt. Daniel, Pilesar und die Schreiber machten sich auf den Weg zum *quaestor*, dem Zahlmeister der Zehnten Legion; Iskander wollte erkunden, wer im Augenblick für Fragen in Zusammenhang mit der Abfindung zuständig war. Außerdem wollte er von ihm etwas über den Stand der Belagerung hören. »Bis später!«, rief er ihnen zu und entfernte sich nach der anderen Seite.

Als Daniel und seine Begleiter das Lagertor erreichten, mussten sie warten, denn es wurden gerade zwei Gefangene unter scharfer Bewachung ins Lager gebracht. Allen war klar, dass es sich bei ihnen um Männer handelte, die man irgendwo außerhalb der Bergfestung aufgegriffen hatte. Daniel, der sich fragte, wieso das überhaupt geschehen konnte, schaute in die fahlen Gesichter der Männer. Sie zeigten keine Regung. Ihre Kleidung wirkte abgerissen, an vielen Stellen notdürftig geflickt, voller Flecken, Risse und Fransen an den Säumen. Am schlimmsten war das Schuhwerk, die Sandalen bestanden aus notdürftig mit Kordel zusammengehaltenen Resten von Leder.

So sahen Menschen aus, die sich in ihr Schicksal ergeben hatten. Sie wussten, was in den folgenden Tagen, Wochen, Monaten und Jahren auf sie zukam: Sklaverei unter römischen Herren! Als Daniel einen kurzen Blick auf das Gesicht des Zweiten warf, schrak er jäh zusammen: Das . . . das . . . das war Absalom! Sein Bruder Absalom! Es gab keinen Zweifel: Er trug die Narbe über dem rechten Auge! Als Jugendlicher war er vom Pferd gestürzt und auf der Kante eines Steins aufgeschlagen. Daniel hatte Mühe, nicht laut aufzuschreien. Das Blut schoss ihm in den Kopf. Er war wie betäubt.

In diesem Augenblick hob Absalom den Kopf und schaute auf, als ob er von Daniels Blick magisch angezogen würde. Man sah, wie er stutzte, zwar nur einen Wimpernschlag lang, aber sein Blick verriet, dass er den Bruder ebenfalls erkannt hatte. Doch schon war der Zug vorbei.

Daniel sah der Gruppe nach: Er könnte sich jetzt umdrehen ... warum drehte er sich nicht um ...? ›Dreh dich um!‹, rief es in ihm. Und Absalom drehte sich um. Daniel sah, wie Absalom zweimal nickte. Winken konnte der Bruder nicht, da seine Hände auf dem Rücken gebunden waren. Doch dann bogen die Gefangenen in eine seitliche Lagergasse ein. Daniel atmete tief ein, den Blick auf die Stelle gerichtet, wo der Bruder verschwunden war. Ihm war, als ob er alles nur geträumt hätte.

Pilesar, dem Daniels seltsames Verhalten nicht entgangen war, fragte leise auf Hebräisch: »Kennst du den Mann?«

Daniels Stimme zitterte, als er leise sagte: »Ja. Er ist mein Bruder. Es ist Absalom!«

Ihre Blicke trafen sich. Pilesar nickte langsam und sagte nur: »Ich verstehe.«

Das Gespräch mit dem Quaestor verlief, wie sie erhofft hatten, freundschaftlich sachlich, sehr präzise und in gegenseitigem Vertrauen. Pilesar führte die Verhandlung, da er bemerkte, dass Daniel augenblicklich dazu kaum in der Lage war. Er wirkte geistesabwesend, sein Kopf glühte, er schaute immer wieder zum Fenster, als erwarte er, den Bruder vorbeigehen zu sehen. Zu allen Erklärungen und Kommentaren des Römers nickte er so mechanisch, dass Pilesar schon fürchtete, das seltsam zerstreute Verhalten Daniels könnte dem hohen Offizier auffallen. Doch der Quaestor gefiel sich darin, sich vor den Fachleuten aus Rom als großen Weinkenner darzustellen; er lobte oder tadelte diese und jene italische Rebe, sang ein Loblied besonders auf die sizilischen Weine, stimmte am Ende aber Pilesar zu, als dieser den Falerner einen geradezu königlichen Wein nannte.

Plötzlich wurde Daniel wach und fragte: »Erlaube eine Frage, Quaestor . . .«

»Bitte!« Er hob einladend die Hand.

»Für uns«, fuhr Daniel höflich fort, »ist es natürlich wichtig zu wissen, wie lange wir, ich meine über welchen Zeitraum wir Wein liefern sollen.«

Der Quaestor setzte seinen Becher ab. »Mit anderen Worten: Du willst wissen, wie lange wir noch hier am Ort sind.«

»*Ita'st.*«

Pilesar schaute zu Daniel herüber. Ahnte er, was Daniel mit dieser Frage bezweckte?

165

»Nun, das hängt ganz davon ab, wie lange die Belagerung noch dauert.«

Als er Daniels intensiven Blick sah, ergänzte er: »Sagen wir so: Es wird davon abhängen, was die Eingeschlossenen da oben uns entgegenzusetzen haben. Aber ich rechne durchaus mit einigen Wochen.«

Pilesar ließ keinen Blick von Daniels Gesicht. Es zeigte keine Regung, bis auf die Augen: Sie sprangen unstet zwischen dem Römer und dem Fenster hin und her. Was ging in ihm vor? Spielte er bereits in Gedanken verschiedene Möglichkeiten durch, wie er in die Nähe des Bruders gelangen konnte?

Dann wollte der Quaestor wissen, wann Daniel und seine Leute den Rückweg nach Caesarea anträten.

»Morgen in der Frühe«, sagte Daniel.

Der Quaestor kratzte sich am Kopf und machte ein bedenkliches Gesicht: »Oh, das wird wohl kaum gehen. Meine Schreiber sitzen nämlich bis morgen Abend über einem Berg von Listen. Und diese Dinge haben äußerste Dringlichkeit. Es geht um größere Lieferungen wichtigen Kriegsmaterials. Da der Dienstweg ohnehin den Umweg über den Statthalter in Syrien macht, geht immer wieder wertvolle Zeit verloren. Ihr müsst euch schon darauf einstellen, dass ihr erst übermorgen aufbrechen könnt.«

»Kein Problem, Quaestor«, sagte Pilesar. »Wir schauen uns etwas in der Gegend um, wenn es denn erlaubt ist.«

»*Certo* – sicher!«

Während der Quaestor bereits Anstalten machte, sich

zu erheben, streifte Pilesars Blick noch einmal Daniels Gesicht und er sah ihm an, dass Daniel hier nur eine einzige Sache interessierte, dass er aber nicht wusste, wie er es anstellen sollte, auf die entsprechende Frage eine genaue Antwort zu bekommen. Also nahm Pilesar die Sache in die Hand und begann betont beiläufig: »Ach, ich habe da noch eine Frage . . .«

»Bitte!«

»Ich sah eben beim Tor, dass Gefangene hereingeführt wurden.«

»Ja, ja, sie wurden heute aufgegriffen. Das passiert immer wieder.«

»Was geschieht mit ihnen?«

»Wir behalten sie hier in verschiedenen Lagern, abseits von den Legionslagern.«

»Warum das?«

»Nun, wenn es zum Kampf kommt, könnten sie stören.«

»Aha. Und was machen sie so den ganzen Tag?«

»Sie werden für alle möglichen nützlichen Arbeiten eingesetzt: Wasser heranholen, ebenso Hölzer – na, was eben so anfällt.«

»Und später? Ich meine, nach der Einnahme von Massada?«

»Das Übliche: ab nach Italien!«

»Werden sie denn als staatliche Sklaven geführt?«

»Gute Frage. Das muss noch geklärt werden. Warum fragst du? Möchtest du einen erwerben?« Er grinste. »Das geht leider nicht. Noch nicht.«

»Ich verstehe.«

»Dann wünsche ich noch einen angenehmen Aufenthalt, sofern das einem Zivilisten hier möglich ist.«

Daniel hatte Mühe, an sich zu halten, als er mit Pilesar und den Sklaven das Zelt verließ.

XIX

Draußen wandte sich Pilesar an die beiden Schreiber: »Philon! Theokritos! Ihr werdet in unser Zelt gehen und eure Notizen, die ihr während der Verhandlung beim Quaestor gemacht habt, ins Reine schreiben. Fürs Archiv in Caesarea! Wir müssen sichergehen, dass die Armee sich an die besprochenen Abmachungen hält. Ioannes, du begleitest sie!«

Als die Sklaven außer Hörweite waren, blieb Pilesar stehen. Er sah Daniel lange an und sagte leise: »Was hast du vor? Spielst du etwa mit dem Gedanken, Absalom hier rauszuholen?«

»Ich . . . ich weiß nicht«, antwortete Daniel ausweichend. »Ich muss erst einmal in Ruhe über alles nachdenken.«

Doch Pilesar darauf, sehr sicher: »Ich kenne dich! Du bist im Innern bereits entschlossen ihn herauszuholen. Ich habe doch Recht – oder nicht?«

Als Daniel schwieg, fuhr der Syrer eindringlich fort:

»Daniel, ich bitte dich! Das ist Wahnsinn! Die Gefangenen werden scharf bewacht. Du musst dich mit dem Gedanken abfinden, dass Absalom als Sklave nach Rom geht. Wie alle andern auch. Vielleicht lässt sich da später etwas machen. Aber hier? Der Einzige, der die Macht hat, ihn freizulassen, ist der Legat. Willst du etwa vor ihn hintreten und sagen: ›Lieber Flavius Silva, ich bitte dich, schenke meinem Bruder Absalom die Freiheit!‹?«

»Das weiß ich doch selbst, Pilesar. Aber ich ... ich ...«

»Ja?«

»Mein Gott! Du weißt doch ganz genau, dass ich nur deswegen nach Caesarea gegangen bin, weil ich hoffte etwas über meinen Bruder und meinen Vater herauszufinden! Hätte ich sonst meine Schwester und meine Mutter allein in Rom gelassen?«

»Ja, das weiß ich.«

»Und genauso weißt du, dass ich mich auf diese Weintransaktion nur eingelassen habe, um ohne Schwierigkeiten nach Massada zu kommen! Und nun bin ich hier! Und da läuft mir mein Bruder über den Weg! Als Gefangener! Als Sklave! Du musst doch verstehen, dass ich an nichts anderes mehr denke als an die Möglichkeit, ihn hier herauszuholen!«

»Das verstehe ich, sicher, aber ...«

Daniel fiel ihm ins Wort: »Ich werde mit kühler Überlegung vorgehen. Bevor ich irgendetwas unternehme, muss ich wissen, wo er festgehalten wird, wie viele

Gefangene dort insgesamt untergebracht sind und wie viele Posten den Ort bewachen.«

»Und wenn du das alles weißt . . . Was dann?«

»Das kann ich jetzt noch nicht sagen. Ich muss das andere erst klären. Dann werde ich entscheiden.«

Pilesar schwieg, dann sagte er langsam: »Klären . . . Gut. Dagegen ist nichts einzuwenden. Ich helfe dir. Wir haben heute und morgen genügend Zeit, uns umzuschauen. Dann sehen wir weiter. Fangen wir an!«

Da sie den Wachen am Tor bekannt waren, wurden sie nicht kontrolliert und konnten sich frei bewegen. Einer fragte gut gelaunt: »Noch'n kleinen Spaziergang machen, wie?«

»*Ita'st*«, nickte Pilesar. »Wir werden aber vor Einbruch der Dunkelheit wieder im Lager sein.«

»In Ordnung. Sage den Kameraden Bescheid.«

Daniel überlegte, ob er den Soldaten nach der Lage des Gefangenenlagers fragen sollte, nahm aber davon Abstand, denn eine solch neugierige Frage konnte Verdacht erregen.

Also schlenderten sie langsam hinüber zu den Buden und Zelten der Händler. Sie waren sich einig, dass es unzweckmäßig wäre, der Reihe nach alle acht Militärlager, die sich rings um den Berg verteilten, aufzusuchen, da überhaupt nicht sicher war, ob die Gefangenen in ihrer unmittelbaren Nähe untergebracht waren.

Da hatte Pilesar eine Idee. Er kaufte bei einem Araber, der vollmundig behauptete Goldschmied zu sein, eine

170

billige Korallenkette, wobei es ihm großen Spaß machte, den Kaufbetrag auf ein Fünftel des ursprünglich geforderten Preises herunterzuhandeln.

»Bei den Göttern!«, rief der Mann. »Wenn alle Kunden so hartnäckig wären wie du, müsste ich den Laden schließen! Du bist wohl vom Fach, wie!?«

»In gewisser Hinsicht, ja«, gab Pilesar zurück und grinste. Sie sprachen Griechisch miteinander. Pilesar ließ sich Zeit, schaute sich scheinbar sehr interessiert dies und jenes Kleinod an, stellte dazu Fragen, lobte die Feinheit der Arbeit, wollte einiges über den technischen Prozess der Herstellung wissen, so dass der Händler immer gesprächiger wurde. Diese Gelegenheit nutzte Pilesar und fragte wie nebenbei: »Schlimm mit den Gefangenen, nicht?«

»Ja, ja. Die können einem schon Leid tun.«

»Ja, das können sie . . . Wo werden die eigentlich festgehalten? Ich sah soeben zwei, die zum Verhör gebracht wurden.«

»Arme Schweine, nicht!? Die werden abends da unten zusammengepfercht.« Der Händler wies zu einer Senke unterhalb ihres Standorts. Pilesar erkannte Zelte, die wie in einem Militärlager schachbrettartig geordnet waren.

»Alle? Ich meine, gibt es nur dieses Lager?«

»Nein, dahin kommen die Gefährlichsten.«

»Du meinst Soldaten?«

»Ja, wenn man sie so nennen kann. Sehen eher aus wie Bettler. Zivilisten hält man getrennt von ihnen.«

171

»Wie viele sind denn da untergebracht?«

»Bis gestern waren da mehr drin. Wurden aber in Marsch gesetzt.«

»Wohin?«

»Keine Ahnung. Na, ich schätze ... im Augenblick dürften es nur die beiden sein, die sie heute erwischt haben.«

»Mehr nicht?«

»Nein.«

Pilesar wechselte schnell das Thema, um sein Interesse an den Gefangenen herunterzuspielen, fragte den Händler nach dem Gang der Geschäfte – natürlich klagte der Mann über die schlechten Zeiten –, wünschte ihm noch einen guten Tag und folgte Daniel, der schon auf dem steilen Weg nach unten war. Er führte am Lager vorbei und weiter in die Ebene, wo er sich mit der Straße traf, auf der sie gestern gekommen waren.

Als sie außer Sichtweite waren, blieb Pilesar stehen und fragte: »Hast du gehört, was der Mann sagte?«

»Sicher.« Daniel nickte. »Dann kann es sich bei den Gefangenen, die der Händler meinte, nur um Absalom und den, der bei ihm war, handeln.«

»Mal angenommen, das stimmt ... Was dann?« Pilesar blieb skeptisch und gab sich keine Mühe, es zu verbergen.

»Dann«, sagte Daniel, »müsste es möglich sein ...«

»Sie zu befreien?«

»Sicher.«

Pilesar schüttelte ablehnend den Kopf. »Daniel, sei vernünftig! Wie willst du denn das machen?«

Und Daniel, energisch: »Auf keinen Fall mit Gewalt. Das macht Aufsehen und Lärm. Ich denke . . .«

»Ja?«

»Wenn es stimmt, dass im Augenblick nur zwei Gefangene in diesem Lager sind, dann werden sie auch die Zahl der Posten verringert haben. Sie werden doch nicht zwanzig Legionäre abkommandieren, um zwei Gefangene zu bewachen!«

»Du hast meine Frage nicht beantwortet: Wie willst du's also machen?«

Daniel konzentrierte sich. Er wollte und musste Pilesar überzeugen, denn ohne seine Mithilfe war die gefährliche Aktion nicht durchzuführen. Die Gefahr, dass die Sache schief ging, musste von vornherein so gering wie möglich gehalten werden. Endlich begann er: »Wir haben doch diesen Holzkasten mit allerlei kleinen Glasbehältern mit . . .«

»Ja – und?«

»Darunter befinden sich doch auch solche, die gewisse medizinische Drogen enthalten: Pflegeöle für die Haut, entzündungshemmende Salben, Mittel gegen Durchfall und Verstopfung sowie Stärkungs- und Beruhigungsmittel.«

Pilesar nickte. »Worauf willst du hinaus?«

»Darunter befinden sich sechs kleine Behälter, die ein Schlafmittel enthalten.«

»Ja, es handelt sich um ein Konzentrat aus dem Saft

des Mohns.« Im gleichen Augenblick, als Pilesar dies sagte, wurde ihm klar, was Daniel vorhatte: »Du willst die Wachen einschläfern?«

Daniel sah ihn an und nickte.

»Und wie soll das gehen?«

»Wir spendieren ihnen einige Krüge Wein. Zuvor geben wir in den Wein eine starke Dosis des Schlafmittels. Schon nach wenigen Augenblicken fallen sie in einen Tiefschlaf, aus dem sie erst nach Stunden erwachen. Dann befreien wir die Gefangenen.«

Pilesar schwieg, aber er dachte nach. »Dein Plan klingt einfach, aber wirkungsvoll. Ja, das könnte gehen. Wir holen also Absalom raus, gut. Und was dann?«

»Das werden wir dann entscheiden.«

»Nein, das muss jetzt geklärt werden!«, erklärte Pilesar streng. »Ich wiederhole: Wohin?«

Wieder dachte Daniel nach. Spielte verschiedene Möglichkeiten durch. Dann sagte er: »Nach Süden.«

»Warum denn nach Süden? Wir müssen zum Mittleren Meer, in den nächsten Hafen, um ein Schiff zu finden, das uns nach . . .!«

»Nein, Pilesar. Das wäre viel zu gefährlich. Wir umrunden die Südspitze des Toten Meeres und wenden uns dann nach Osten.«

»Aha, nach Osten. Es wird ja immer toller. Willst du nach Arabien?«

»Keineswegs. Aber durch eins dieser Trockentäler nach Osten, ins Gebirge. Dort suchen sie uns nicht.«

Wieder dachte Pilesar nach, er zwinkerte und sagte

nach einer Weile sehr kritisch: »Mein lieber Freund, du scheinst nicht zu wissen, dass du dich dabei in den Machtbereich des Königs von Petra begibst!«

»Bis Petra ist es noch weit! Der König der Nabatäer kontrolliert die Handelsstraßen, aber nicht die einsamen Wüstengebiete im Gebirge.«

»Noch etwas . . .«, fuhr der Syrer fort. »Du scheinst nicht zu wissen, dass es augenblicklich große Spannungen zwischen den Nabatäern und Rom gibt.«

»Umso besser! Der Feind meines Feindes ist mein Freund! Und wir treten doch als Feinde Roms auf. Wir bringen sogar befreite Gefangene mit! Das dürfte uns in ihren Augen höchst vertrauenswürdig erscheinen lassen.«

Pilesar, der spürte, dass Daniel kaum von seinem Plan abzubringen war, seufzte, schüttelte noch einmal den Kopf und rief aufgebracht: »Und was wird Acilius Rufus dazu sagen, wenn er es erfährt? Und er wird es erfahren! Du setzt das mühsam erworbene Ansehen der Firma in unverantwortlicher Weise aufs Spiel! Schlimmer noch: Die römische Behörde Caesareas kann unsere Niederlassung ohne weiteres schließen! Dann war unsere Arbeit umsonst. Und zurück nach Rom? Wie stellst du dir das vor, he? Unter solchen Umständen wäre überhaupt nicht daran zu denken!«

Doch Daniel konterte leidenschaftlich: »Das ist mir im Augenblick vollkommen gleichgültig. Es geht um das Leben meines Bruders! Du an meiner Stelle würdest genauso handeln!«

Pilesar schwieg eine Weile. Schließlich sagte er: »Da könntest du Recht haben.«

Sie wurden unterbrochen. Von der Höhe her näherten sich Marschschritte. Sie traten zur Seite. Vier Legionäre kamen mit den beiden Flüchtigen, um sie in das große Gefangenenlager zu führen. Immer noch waren die Hände der Ausbrecher auf dem Rücken gefesselt und mit einem Seil verbunden. Wieder ging Absalom als Letzter. Diesmal aber trafen sich die Blicke der Brüder sofort. Daniel sah Absalom konzentriert in die Augen, Absalom erwiderte den Blick und nickte dem Bruder unmerklich zurück.

Als er unmittelbar neben ihm war, sagte Daniel laut auf Hebräisch: »Ein schöner Tag heute!«

Sofort blieben die Soldaten stehen und einer fragte verwirrt auf Latein: »Was hast du gesagt?«

Daniel wiederholte den Satz. Der Soldat fragte die Kameraden: »Versteht hier einer, was der gesagt hat?«

»Keine Ahnung«, meinte einer. »War wohl Arabisch . . . oder Hebräisch.«

Da sagte Daniel ohne Absalom anzuschauen: »Heute Abend, Bruder! Sei bereit!«

Er sah, wie es kurz in den Augen Absaloms aufleuchtete. Er hatte verstanden. Dann wandte Daniel sich an die Legionäre – nun auf Latein: »Ich sagte, ein schöner Tag heute!«

Die Antwort war ernüchternd: »Für dich vielleicht! Für uns nicht!« Der Soldat schüttelte entrüstet den Kopf. Ein anderer fuhr mit der flachen Hand mehrmals

vor seiner Stirn hin und her und brummte: »Tsss . . . Der
hat doch nicht alle Becher im Regal!«

Wenige Augenblicke später war die Gruppe hinter
den Palisaden des Gefangenenlagers verschwunden.

»Gut gemacht!«, murmelte Pilesar anerkennend.

Sie gingen, ohne sich noch einmal umzuschauen, gemächlich weiter bergab. Erst als sie die Ebene erreicht
hatten, besprachen sie die Einzelheiten ihres Vorgehens.

Dabei entwickelte Daniel einen raffinierten Plan, der
Folgendes vorsah:

Erstens: Um zu verhindern, dass sie mit der Befreiung der Gefangenen in Verbindung gebracht wurden,
würden sie dem Quaestor mitteilen, sie hätten eine
Nachricht aus Caesarea erhalten, die ihre Anwesenheit
im Kontor dringend notwendig machte. Darum müssten sie sich noch heute auf den Weg machen. Philon
und Theokritos seien instruiert und würden das Geschäft übermorgen zum Abschluss bringen. Danach
müssten auch sie mit dem Wagen den Rückweg antreten.

Zweitens: Am heutigen Abend sollte den Soldaten,
die für ihre Bedienung abkommandiert waren, wie auch
deren Vorgesetzten, kostenlos Wein ausgeschenkt werden. Natürlich ohne ein Schlafmittel. Das hätten Philon
und Theokritos zu erledigen mit dem Ziel, die Männer
betrunken zu machen.

»Drittens . . .«, fuhr Daniel fort, »wir – also du, ich
und Ioannes – wir brechen noch heute Nachmittag mit
den drei Maultieren auf, freilich nur zum Schein, denn

wir werden uns bis zum Abend in einer der Schluchten in der Nähe versteckt halten.

Viertens: Eine Stunde nach Sonnenuntergang kehren wir heimlich zum Lager der Gefangenen zurück und schenken den Wachsoldaten Wein aus – dieser aber enthält das Schlafmittel. Sobald es wirkt, werden die Gefangenen befreit.«

»Und wenn was dazwischenkommt?«, wandte Pilesar ein.

»Dann müssen wir uns eben anders entscheiden. Das ist ganz ohne Zweifel der gefährlichste Teil des Ganzen, denn wir dürfen dabei auf gar keinen Fall von einem Vorgesetzten aus dem Lager gesehen werden.«

Pilesar dachte nach, dann bemerkte er trocken: »Aber wie schon der stets weise Publilius Syrus sagte: ›*Beschiss muss klappen!*‹«

»Wie bitte?!« Daniel starrte den Syrer geradezu entsetzt an, denn noch nie hatte er ihn so reden hören – ganz abgesehen davon, dass ihm noch nie ein solcher Spruch aus der Feder des Publilius Syrus zu Ohren gekommen war.

Pilesar aber grinste und verbesserte sich: »Oh, Verzeihung! Natürlich hat er es . . . äh, viel vornehmer gesagt: ›*Etiam innocentes cogit mentiri dolor – Die Marter zwingt auch Unschuld oft zur Lüge.*‹ Sehr wahr, nicht wahr! Halte dich daran, ja!«

Daniel schaute ihn gespannt an und fragte: »Du bist also einverstanden?«

»Nein.«

»Nein? Warum nicht?«

»Weil . . . Ich halte es für besser, wenn ich zusammen mit den beiden Schreibern nach Caesarea zurückkehre. Wenn hier etwas schief geht, muss jemand im Kontor sein, der die Zügel in der Hand hält und die richtigen Entscheidungen trifft. Außerdem ist es in römischen Augen glaubwürdiger, wenn ich noch hier bin, während du bereits auf dem Wege nach Caesarea bist.«

»Aber . . .« Daniel hielt einen Augenblick den Mund offen. »Aber allein werde ich das nicht schaffen!«

»Du wirst es schaffen! Aber du solltest Ioannes mitnehmen.«

»Ioannes?«

»Ja, er kennt sich hier aus wie kein Zweiter.«

»Du hast Recht.«

»Also abgemacht? Ich helfe dir hier. Aber nach der Befreiung gehe ich zurück ins Lager.«

»Und wenn sie dir Fragen stellen?«

»Ich werde schon eine glaubhafte Erklärung vorbringen.«

XX

Als Erstes mussten Ioannes, Philon und Theokritos informiert werden. Ioannes staunte zwar nicht wenig, als ihm Pilesar den verwegenen Plan entwickelte, er war aber mit allem einverstanden – mehr noch: Er war ganz bei der Sache. Ihm, der erst seit kurzem römischer Sklave war, war alles recht, was den Römern schadete. Erneut ließ er durchblicken, dass er gerade die südlich des Großen Salzsees gelegenen Gegenden gut kannte: »Natürlich auch die von Osten kommenden Trockentäler!«

»Also kommst du mit?«

»Sicher!«

Schwieriger gestaltete sich das Gespräch, das Pilesar mit den beiden Schreibern führte. Denn einmal mehr stellte sich Philon taub und wandte sich, die Hand am Ohr, mit der üblichen Frage an den Kollegen: »Was hat er gesagt?«

Und Theokritos: »Wir sollen ihnen Wein ausschenken!«

»Wem?«

»Den Soldaten.«

»Welchen Soldaten denn?«

»Die uns bedienen.«

»Aha. Aber mich bedient doch keiner. Dich etwa?«

»Nein.«

»Dann können wir ihnen auch keinen Wein ausschenken, nicht wahr. Welchen Sinn soll das denn haben?«

»Sie sollen den Wein trinken.«

»Wann?«

»Heute Abend.«

»So? – Und warum?«

»Er soll ihnen schmecken. Sie sollen betrunken werden.«

»Aha. Aber dann, nicht wahr, dann können sie uns doch nicht bedienen. Betrunkene können nicht gut bedienen, nein. Sie verschütten dann alles! Schade um den Wein, nicht wahr!«

»Sie sollen uns ja auch nicht mit dem Wein bedienen! Sie sollen ihn selbst trinken!«

»Ohne zu bedienen? Das ist doch Unsinn! Wie sagte schon der Dichter: ›Fortuna, nimium quem fovet, stultum facit – Glück, das zu reichlich segnet, macht zum Narren.‹ Sehr wahr, nicht wahr!« Philon zwinkerte und fuhr fort: »Aber er hat doch noch was gesagt!«

»Er muss früher weg.«

»Der Herr?«

»Nein, Pilesar!«

»Aha. Wohin denn?«

»Nach Caesarea.«

»So? Wir doch auch!«

»Eben.«

»Warum denn das?«

»Weil er nach dem Rechten sehen muss.«

»Wo?«

»In Caesarea.«

»Wann?«

»Übermorgen.«

»Dann ist er doch noch gar nicht in Caesarea! Also kann er auch noch nicht nach dem . . .«

»Er bricht mit uns übermorgen auf!«

»So? Warum denn erst übermorgen?«

»Weil . . .« Theokritos verlor allmählich die Geduld.

»Mann!«, rief er. »Der Vertrag mit dem Quaestor ist doch noch abzuschließen!«

»Aha. Aber ich dachte, dass wir das machen!«

»Sicher. Wir schreiben alles auf. Aber Pilesar ist dabei.«

»Und der Herr nicht?«

»Nein.«

»Warum denn nicht?«

»Weil er schon früher aufbricht.«

»Wohin?«

»Nach Caesarea.«

»Aha. Und was soll das bringen?«

»Keine Ahnung. Aber das geht uns auch nichts an. Das ist Sache des Herrn.«

»Das ist aber seltsam, sehr seltsam, nicht wahr. Wahrscheinlich haben die beiden gestritten . . .«

»Nein, das haben sie nicht!« Theokritos presste die Lippen aufeinander und schaute zur Decke des Zeltes. Er war drauf und dran zu explodieren.

Pilesar nahm es zur Kenntnis, ließ es aber bei einem strengen »Es reicht!« bewenden. Zusätzlich ermahnte er sie, mit niemandem über das, was gerade besprochen worden war, zu reden. Auch nicht mit Iskander.

»Jawohl!«, bellte Theokritos und stand stramm. »Nicht reden! Mit niemandem!«

»Und wenn du den Iskander siehst, sag ihm, dass der Herr vorzeitig die Rückreise antreten musste. Grüß ihn von ihm!«

»Jawohl! Grüßen!«

182

Es dämmerte schon und Pilesar gab Ioannes ein Zeichen, das wenige Gepäck – drei Ledertaschen und einige Schläuche mit dem präparierten Falerner – nach draußen zu bringen, wo die Maultiere schon bereitstanden. Philon und Theokritos erhielten die Anweisung, eine halbe Stunde im Zelt zu bleiben. Jedes Aufsehen sollte vermieden werden.

Die Posten beim Tor ließen die drei Reiter ohne weiteres passieren, denn man kannte sich mittlerweile gut. Da der Karren mit den beiden Schreibern noch im Lager war, wären sie im Traum nicht darauf gekommen, dass zwei der drei Berittenen das Lager vorzeitig und endgültig verließen.

Als sie das Lager der Gefangenen passierten, ritten sie langsamer, um sich jede Einzelheit der Anlage einzuprägen. Vor dem Tor ging ein Posten gemächlich auf und ab. Im Innern war es ruhig. Wahrscheinlich patrouillierten dort weitere Legionäre. Wenn im Augenblick auch nur zwei Gefangene untergebracht waren, würde man sie streng bewachen, da es sich bei ihnen um tapfere und sehr erfahrene Krieger handelte, die nicht nur die Belagerung und Erstürmung Jerusalems überlebt hatten, sondern anschließend auch noch nach Massada geflohen waren.

Als sie vorbei waren, meinte Pilesar: »Das Tor ist nur mit hölzernen Schieberiegeln gesichert. Es gibt keine Schlösser.«

»Wie konntest du das denn sehen? Es ist doch schon zu dunkel!«, erwiderte Daniel.

»Ich hab's schon am Nachmittag gesehen.«

»Sehr gut.«

Schweigend ritten sie zu Tal. In der Ebene schwenkten sie nach Norden ein, verließen die Militärstraße aber schon nach einer Meile, um sich wieder den zerklüfteten Bergen zuzuwenden. Sie stiegen ab und führten die Maultiere durch die enge Schlucht eines Trockentals. Das schwindende Licht reichte gerade noch aus, einen überhängenden Felsen zu erkennen. Er würde die Kälte, die sich vom sternenklaren Himmel herabsenkte, etwas abhalten. In der Nähe standen dornige Büsche, an denen sie die Tiere festbanden.

Stumm machten sie sich über das karge Abendessen her: Brot, Käse, Wasser.

Danach holten sie ihre Decken aus den Satteltaschen, krochen hinein und versuchten zu schlafen. Doch daraus wurde nichts. Die Aufregung war zu groß.

»Mein Vorschlag lautet«, meldete sich Pilesar, »ihr versucht es selbst mit dem Wein. Ich meine, ihr nehmt nur einen kleinen Schluck! Das wäre dann sozusagen die Probe aufs Exempel!«

»Aber einer muss Wache halten!«, mahnte Ioannes.

Und Pilesar: »Das mache ich schon. Und bitte! Nehmt nur einen kleinen Schluck! Ihr müsst in wenigen Stunden hellwach sein!«

Daniel und Ioannes waren einverstanden. Daniel kroch aus seinem Sack, ging zu den Tieren und kam mit einem gefüllten Schlauch zurück. Er öffnete den Stöpsel, hob das Ganze an, ließ etwas in den Mund laufen und schluckte tapfer.

»Schmeckt gut! Wie immer! Hier!« Er reichte den Schlauch an Ioannes weiter.

Ioannes trank und sagte: »Ich kann wirklich keinen Unterschied feststellen.«

»Klar!«, foppte ihn Daniel. »Du hast noch keinen Falerner getrunken!«

Wenige Augenblicke später lagen sie beide in tiefem Schlaf.

XXI

Kurz nach dem Wechsel der zweiten zur dritten Nachtwache[*] näherten sich auf dem steilen Pfad drei Gestalten mit Maultieren. Etwa ein Stadion unterhalb des Gefangenenlagers machten sie Halt.

»Also noch einmal . . .«, wiederholte Pilesar, an Ioannes gewandt. »Du wartest hier, bis wir drinnen sind. Das dürfte nicht zu übersehen sein, denn rechts und links vom Eingang brennen Laternen.«

»Ich sehe sie«, bestätigte Ioannes.

»Gut. Dann näherst du dich vorsichtig dem Eingang ohne in den Lichtschein der Lampen zu kommen. Du bleibst in Rufweite stehen.«

---

[*] Die Wachen begannen etwa um 18, 21, 24 und 3 Uhr unserer Zeit.

»Mit den Tieren?«

»Sicher! Mit den Tieren!«

»Und dann?«

»Alles Weitere wird sich finden.«

»Viel Glück!«

Daniel und Pilesar stiegen ab, entnahmen den Satteltaschen die Weinschläuche, hängten sie sich um und
stiegen zu Fuß weiter. Nach etwa fünfzig Schritt blieb
Pilesar stehen und sagte: »Warte!«

»Ist was?«, fragte Daniel.

»Ich . . . ich möchte mit dir reden.«

»Es ist doch alles besprochen!«

»Sicher, aber . . .«

»Ja?«

»Ich möchte mir später nicht den Vorwurf machen,
dich nicht auf die Folgen der ganzen Sache hingewiesen
zu haben.«

»Aber das hast du doch schon!«

»Nicht ganz!«

»Nicht ganz?«

»Mir ist ein beunruhigender Gedanke gekommen.«

»Sprich!«

Pilesars Stimme wurde eindringlich: »Daniel! Wenn
das Unternehmen schief geht, wird man uns liquidieren
oder – falls wir in ihre Hände fallen – vor ein Militärge-
richt stellen. Hier gilt Kriegsrecht! Und da wird nicht
lange gefackelt!«

»Das ist mir klar. Ich muss es trotzdem wagen. Es
geht um meinen Bruder.«

186

»Sicher. Aber wenn die Befreiung gelingt, besteht die Gefahr, dass wir irgendwann in Verdacht geraten.«

»Ich glaube«, entgegnete Daniel ganz ruhig, »das siehst du wohl etwas zu schwarz, Pilesar. Deine Anwesenheit im Lager spricht dagegen.«

»Aber es gibt noch einen Punkt!«

»Welchen?«

»Das Schlafmittel!«

»Du meinst, sie werden beim Erwachen misstrauisch?«

»Ja.«

»Das muss nicht sein.«

»Aber die Gefangenen sind dann weg!«

»Sicher. Aber die Wachen werden sich hüten zuzugeben, dass sie während des Dienstes gezecht haben! Im Übrigen handelt es sich nur um zwei Gefangene. Das werden sie verschmerzen.«

Doch Pilesar: »Ich hoffe für uns alle, dass du Recht behältst. Möge der Herr uns alle beschützen! Amen!«

»Amen!«

Sie gingen weiter.

Sie waren noch nicht in den Lichtschein der Laternen getreten, doch der Posten hatte bereits ihre Schritte gehört und rief: »Ha-halt! Ste-stehen bleiben!«

Sie leisteten der Aufforderung Folge.

»La-langsam näher ko-kommen!«

Sie taten es. Der Mann stand da mit gezogenem Schwert.

Dann hieß es: »Ah, ihr ss-seid es! Wa-was gibt's denn?«

»Ach«, begann Daniel betont freundlich, »wir haben noch etwas Wein übrig, und da dachten wir . . .«

»Wein? Wa-was für Wein?«

»Falerner.«

»Falerner?« Der Posten riss die Augen auf. »E-etwa aus der Ca-campania?«

»Aus der Campania. Und da dachten wir, wir machten euch eine kleine Freude, wenn wir . . . Du verstehst?«

»Sicher. Wie viel ha-habt ihr denn da-dabei?«

»Drei Schläuche. Es wäre doch unsinnig, sie wieder mitzunehmen – oder?«

»A-allerdings. Das müsste s-s-sogar bestraft werden.« Er lachte.

Daniel nickte. Dann fragte er: »Wie viele seid ihr denn?«

»Och, im Augenblick n-n-nur f-f-fünf. Wegen der Gefangenen.«

»Wegen der Gefangenen?«

»Na, da-das sind doch nur zwei.«

»Verstehe. Na, dann hol sie doch mal her!«

»Die Gefangenen?«

»Unsinn! Die Kameraden!«

Der Legionär kratzte sich am Kopf und meinte: »Wäre be-besser, wenn ihr mit rein k-kommt.«

»Warum?«

»Kö-könnte ein Centurio vorbeikommen. Gi-gibt Ärger. Du verstehst?«

»Sicher.«

Der Posten vergewisserte sich, dass sich von oben, vom Lager her, niemand näherte, dann zog er die Riegel zurück und schob Daniel und Pilesar hinein. Mithilfe eines großen Schlüssels verriegelte er von innen das Tor wieder.

Daniel warf Pilesar einen Blick zu und wies mit dem Kopf auf den Soldaten: Aufpassen, wohin er den Schlüssel steckt! Pilesar nickte. Der Mann verstaute den Schlüssel in einem Lederbeutel, den er am Gürtel trug.

Durch das laute Gespräch und das Öffnen des Tors neugierig geworden, näherten sich aus verschiedenen Richtungen die vier übrigen Wachen. Der Posten vom Tor erklärte ihnen, worum es ging, und man sah den Gesichtern der Männer an, dass ihnen diese Abwechslung sehr willkommen war.

»Dann geh'n wir am besten in unser Zelt!«, sagte einer. »Das ist nahe beim Tor. Dann hören wir besser, wenn einer reinwill.«

Das Zelt war im Mittelgang so hoch, dass man aufrecht stehen konnte. Rechts und links lagen Strohsäcke mit groben Decken. An der Giebelstange hingen zwei Laternen. Ihr Licht war hell genug, um die Dinge und Personen unterscheiden zu können. In der Mitte ein einfacher Klapptisch, drum herum Hocker.

»Na, dann holt mal eure Becher!«, forderte Pilesar die Legionäre auf.

Das ließen sie sich nicht zweimal sagen. Zwei platzierten sie vor Daniel und Pilesar. Die beiden wechselten wieder einen Blick, denn jetzt kam der riskanteste Teil. Pilesar übernahm die Sache.

Er legte vorsichtig die beiden größeren Schläuche auf den Tisch, direkt vor die Soldaten, und erklärte: »Die sind für euch!«

»U-und ihr?«, fragte der Posten vom Tor. »Trinkt ihr ni-nichts?«

»Aber natürlich!« Er holte einen dritten, kleineren Schlauch aus der Ledertasche: »Das ist unserer!«

»A-aber der ist doch kleiner!«

»Wir haben schon einiges zum Abendessen getrunken.«

»Ums-s-so be-besser!« Er entfernte den Stöpsel und ließ seinen und die Becher seiner Kameraden voll laufen, während Pilesar seinen und Daniels Becher aus dem kleineren Schlauch füllte.

»Na, dann prosit!«, rief Pilesar und hob seinen Becher. Die anderen taten es ihm gleich, führten die Becher zum Mund und probierten vorsichtig.

›Wahrscheinlich haben die Legionäre noch nie in ihrem Leben so einen Falerner getrunken‹, dachte Daniel. Es war einer der teuersten Weine Italiens.

»Hervorragend!«, lobte einer von ihnen. Auch die andern nickten beifällig.

»I-ist vor allem nicht so süß! Aber mi-mild!

Sie leerten die Becher in einem Zug, schenkten wieder ein und tranken erneut. Daniel und Pilesar taten so, als ob sie mithalten würden, nahmen aber nur kleine Schlucke zu sich. Im Übrigen war der Falerner in ihrem

Schlauch reichlich mit Wasser verdünnt. Sie mussten einen klaren Kopf behalten.

Etwa nach einer Viertelstunde hatten die Wächter schon drei Becher getrunken. Langsam zeigte das Betäubungsmittel seine Wirkung. Die Wächter gähnten, rissen die müden Augen weit auf, schwankten vor und zurück und waren schließlich nicht mehr Herr ihres Körpers. Drei ließen die Köpfe auf die Tischplatte sinken und schliefen auf der Stelle ein. Die beiden andern wollten etwas sagen, doch es kam nur ein Lallen aus ihren Mündern; mit letzter Kraft versuchten sie aufzustehen, doch es gelang ihnen nicht, sie glitten langsam und lautlos neben ihren Hockern zu Boden, wo sie ebenfalls in tiefem Schlaf liegen blieben.

Pilesar holte einen weiteren Schlauch aus seiner Tasche und schüttete die Becher der Schläfer halb voll.

»Bist du verrückt?«, stieß Daniel leise hervor. »Diejenigen, die sie finden, werden von dem Wein kosten und merken, dass er ein Schlafmittel enthält!«

»Eben nicht!« Pilesar grinste. »Dieser Wein ist rein!«

Er goss auch ihre eigenen Becher halb voll, verschloss den Schlauch mit dem Stöpsel und legte ihn neben die Becher. Er war halb voll. Den anderen, der den Schlaftrunk enthielt, legte er in die Tasche.

»Den Schlüssel!«, flüsterte Daniel.

Pilesar nickte, beugte sich zu dem Stotterer hinunter und löste den Schlüssel vom Gürtel.

»Vergiss nicht, ihn später wieder zu befestigen!«, mahnte Daniel.

»Klar.« Pilesar erhob sich. »Und jetzt raus!«

Sie verließen das Zelt und traten in die Lagergasse. Der Himmel war fast klar. Dünne Wolkenstreifen wanderten langsam in unendlicher Höhe. Es war kalt. Im blassen Schein der Sterne waren die Zelte schemenhaft zu erkennen. Allmählich gewöhnten sich ihre Augen an das fahle Licht. Von oben, aus dem Legionslager, war in unregelmäßigen Abständen lautes Lachen von Männern zu hören.

»Sehr gut!«, lobte Pilesar. »Philon und Theokritos machen gute Arbeit.«

Sie blickten angestrengt in die Gasse. Wo waren die Gefangenen untergebracht? Wahrscheinlich in der Nähe des Mannschaftszeltes, damit die Wächter sie leicht im Auge behalten konnten.

Daniel ging ein paar Schritte nach vorn und rief halblaut: »Absalom! Antworte! Ich bin's! Daniel!«

Keine Antwort.

Er wiederholte die Aufforderung, nun etwas lauter.

Er lauschte. In einem der nächsten Zelte schien sich jemand zu bewegen. Endlich kam die Antwort: »Hier!«

»Wo?«

»Hier!«

Es war direkt neben Daniel. Er ging auf das Zelt zu, griff nach der Plane und schlug sie zurück. »Absalom?«, fragte er noch einmal, um sich zu vergewissern.

»Ja, hier! Gleich vor dir!«

»Bist du gefesselt?«

»Ja. Aber nur mit Stricken.«

»Heb deine Hände! Ich werde die Stricke nicht zerschneiden. Alles muss so aussehen, als ob ihr euch gegenseitig befreit hättet.«

»Sehr gut!«

Auch Pilesar war ins Zelt getreten und machte sich an den Stricken des andern zu schaffen. Es dauerte eine ganze Weile, bis sie die mehrfach geknüpften und scharf angezogenen Knoten gelöst hatten. Die Stricke ließen sie ostentativ am Boden liegen.

Die Gefangenen erhoben sich und kneteten ihre Hände, um die Durchblutung wieder anzuregen. Absalom, der unmittelbar vor David stand, schüttelte fassungslos den Kopf und sagte leise: »Daniel, mein kleiner Bruder! Aber das war einmal! Groß und stark bist du geworden. Ich hätte dich kaum wiedererkannt. Aber es waren die Augen, deine Augen, die . . .«

Weiter kam er nicht. Sie fielen sich in die Arme. Drückten sich fest, einmal, zweimal, dreimal. Als sie sich voneinander lösten, fragte Absalom: »Was um alles in der Welt hast du in einem römischen Kriegslager zu suchen? Niemals hätte ich dich hier erwartet. Und was ist mit Esther? Und . . .«

Daniel hatte Mühe, ihn zu stoppen: »Später, Bruder. Wir müssen weg! Und zwar sofort!«

»Wohin?«

»Später, Bruder, später!«

In diesem Augenblick ertönte in der Nähe der Schrei eines Tiers.

»Sind hier Esel?«, fragte Daniel.

»Nein, Maultiere«, erklärte Absalom.

»Wo?«

»Weiter hinten.«

»Wie viele?«

»Drei oder vier.«

»Sehr gut. Wir brauchen nur zwei.«

»Nur zwei?«, fragte Absalom.

»Ja. Wir haben schon drei!«

Während sie nach draußen und zum hinteren Teil des Lagers schlichen, fragte Daniel den Bruder: »Wer ist der Mann bei dir?«

»Ionathan.«

Absalom wies auf den Syrer: »Und wer ist das?«

»Pilesar.«

»Dein Herr?«

Daniel musste trotz des Ernstes der Situation grinsen. Stolz erwiderte er: »Nein, durchaus nicht. Eher umgekehrt.«

Verwirrt schwieg Absalom. Sein Bruder der Vorgesetzte dieses Pilesar, der auf ihn einen so überlegenen, unabhängigen Eindruck machte und mindestens so alt sein musste wie er selbst? Es mussten sich in den vergangenen Jahren höchst eigenartige Dinge ereignet haben.

Bei den hinteren Palisaden fanden sie vier Maultiere in einem primitiven Unterstand, der sie vor der kalten Wüstennacht schützen sollte. Die Sättel hingen an der Rückwand. Schnell wurden die Tiere gesattelt, sie verhielten sich dabei, wie es ihre Art war, ruhig und folg-

194

ten willig den Männern, die sie am Zügel führten, zum Tor.

Pilesar betätigte die Riegel mit dem Schlüssel und brachte ihn zurück ins Mannschaftszelt, wo er ihn hastig am Gürtel des Stotterers anbrachte. Ein kritischer Blick über die Gestalten beruhigte ihn: Alle lagen in tiefem Schlaf und atmeten ruhig. Sie würden erst in einigen Stunden wieder zu sich kommen.

Als sie vors Tor traten, kam ihnen Ioannes mit den Tieren entgegen.

»Und?«, fragte Daniel. »Alles ruhig?«

»Alles ruhig. Bis auf das Lachen da oben.« Er wies zum Lager.

»Sehr gut.«

Pilesar trat neben Daniel und sagte: »Ich wünsche euch viel Glück!«

»Danke! Ich dir auch.«

Sie umarmten sich.

Dann rief Daniel leise: »Ioannes!«

»Hier!«

»Du machst ab jetzt den Führer!«

»Sehr gerne, Herr!«

»Ich bitte dich, lass den Herrn weg! Hier gibt es nur Menschen! – Aufsitzen!«

Daniel, Absalom, Ionathan und Ioannes schwangen sich in die Sättel und Ioannes setzte sich an die Spitze. Ein letztes Winken. Sie ritten los. Mit sicherem Tritt ertasteten die Maultiere den steil abfallenden Weg. Vielleicht kannten sie ihn von anderen Unternehmungen.

An einigen Stellen mussten die Reiter absitzen und die Tiere am Zaum führen. Doch auch hier gab es keine Probleme.

Als sie die Ebene erreichten, schlug Ioannes vor, auf direktem Weg zur Küste des Meeres zu reiten und so die nächstgelegenen Feldlager der Römer zu meiden.

»Dann an der Küste entlang nach Süden!«

Alle waren einverstanden. Da es in den östlichen Bergen lange nicht geregnet hatte, war die Wasseroberfläche geschrumpft. Der breite Uferstreifen war mit dicken weißen Salzformationen bedeckt, die an die Eisablagerungen eines Gletschers im Hochgebirge erinnerten. In Ufernähe schimmerte das Wasser hellblau. Doch es gab nicht das geringste Anzeichen von Leben, keinen Fisch, keine Wasserpflanze, keine Korallenbank. Dieser See war tot und trug seinen Namen zu Recht.

XXII

Als die Sonne aufging, hatten sie das südliche Ende des Salzsees erreicht. Doch sie gönnten sich keine Pause. Die Wächter im Lager mussten jetzt aus ihrem Tiefschlaf erwachen. Wahrscheinlich beratschlagten sie gerade, was zu tun sei.

Ioannes schien in dieser Gegend wirklich jeden Felsen, jeden Busch, jeden Winkel zu kennen, denn er schlug Wege ein, die auf den ersten Blick überhaupt nicht als solche zu erkennen waren. So folgte er auch nicht dem Trockental, das genau in südlicher Richtung zum Golf von Aelana* führte, sondern führte die Gruppe nach Osten, ins Gebirge. Seine Erklärung: »So treffen wir irgendwann auf die Straße, die von Norden, aus dem Jordantal kommt und direkt nach Petra führt. Hier werden sie uns nicht vermuten.«

Auf einer Anhöhe, die schon an die fünfhundert Fuß über dem Wasserspiegel des Salzsees lag, ließ Daniel anhalten und schaute zurück auf das gegenüberliegende Ufer. Dort bewegten sich kleine dunkle Punkte in südlicher Richtung.

»Sie sind bereits hinter uns her!«, stellte Absalom fest.

Daniel wandte sich an Ioannes: »Wie weit ist es bis Petra?«

Und dieser: »Genau kann ich das nicht sagen. Aber wie ich schon sagte, treffen wir bald auf die Straße, die dorthin führt.«

»Gut. Weiter! Aber schneller!«

Obwohl alle müde und hungrig waren, wagten sie keine Pause einzulegen. Erst als die Dämmerung einsetzte, suchten sie einen Lagerplatz. Wieder war es Ioannes, der mit nachtwandlerischer Sicherheit in die Schlucht eines trockenen Bachtals hineinritt, das sich nach einer halben Meile zu einem Kessel öffnete. Dort wuchsen allerlei grüne Sträucher, doch das Tal war ohne

---

* Heute Golf von Akaba in Jordanien

Wasser. Sofort begann er Geröll und Steine beiseite zu räumen. Schon nach wenigen Augenblicken sammelte sich in der Mulde Wasser. Es war zwar rötlich vom aufgewühlten Sand und Lehm, doch diese Verunreinigungen setzten sich allmählich ab. Sie füllten ihre Schläuche, führten dann die Tiere heran und ließen sie ausgiebig trinken.

Um für alle möglichen Zwischenfälle gewappnet zu sein, wurden Nachtwachen eingeteilt. Die erste übernahm Daniel zusammen mit Absalom.

Endlich hatten sie Gelegenheit, in Ruhe miteinander zu reden. Absalom überschüttete den Bruder mit Fragen nach Esther und Lea und Daniel schilderte dem Bruder gerafft die Ereignisse der letzten Jahre: die Überfahrt als Sklaven nach Ostia, die schrecklichen ersten Monate im Haus des Rutilius Rufus, den Wechsel zu Acilius Rufus, die Entdeckung des siebenarmigen Leuchters in der Lagerhalle des Acilius und die wechselvollen Ereignisse, die daraus hervorgingen – bis hin zum unerwarteten Auftauchen der Mutter und ihrer Befreiung.[*]

Mit wachsendem Erstaunen nahm Absalom dabei zur Kenntnis, dass der Bruder im Handelshaus eines gewissen Marcus Acilius Rufus eine steile Karriere gemacht hatte, die ihn schließlich nach Caesarea führte, um dort eine Handelsniederlassung aufzubauen. So konnte er sich am Ende die Bemerkung nicht verkneifen: »Somit

---

[*] Vgl. ›Daniel und Esther – Allein in Rom‹ und ›Daniel und Esther – Das Geheimnis der Vestalin‹

bist du also auf dem besten Weg, dich in einen Römer zu verwandeln.«

Da sah ihn Daniel lange an und erklärte: »Glaube mir, Bruder, ich habe diesen Auftrag vor allem übernommen, weil ich hoffte, etwas über dich und Vater zu erfahren. Und genau das ist eingetreten.«

»Es war auch kein Vorwurf!« Absalom legte ihm seine Hand auf die Schulter. »Ohne dich wäre ich wohl bald schon als Sklave auf dem Weg nach Rom, um irgendwo vor die Hunde zu gehen!«

Daniel schwieg. Es dauerte lange, bevor er sich traute zu fragen: »Was ist aus Vater geworden?«

Ohne zu zögern kam Absaloms Antwort: »Er ist gefallen.«

Daniel schluckte trocken. Dann fragte er: »In Jerusalem?«

»Ja, in Jerusalem.«

»Warst du bei ihm?«

»Nein.«

»Konntest du ihn noch bestatten?«

»Nein. Ich war an einem anderen Frontabschnitt. Mir gelang dann die Flucht.«

Sie schwiegen lange. Die Nacht in der Wüste war vollkommen still. Von den Felsgipfeln floss ein kalter Lufthauch in die Schlucht. Sie spürten ihn auf ihren Gesichtern. Schließlich fragte Daniel: »Und wie ist es dir ergangen? Wie bist du nach Massada gekommen? Und warum bist du geflohen? Hattest du keine Angst, den Römern in die Hände zu fallen?«

»Ganz im Gegenteil!« Absalom lachte bitter auf.

»Das verstehe ich nicht.«

»Dann werde ich versuchen es dir zu erklären.« Absalom seufzte. Dann begann er seinem Bruder die Situation der Eingeschlossenen zu schildern. Seine Stimme war kaum mehr zu hören, als er endete: »Wenn Massada fällt, werden alle dort oben sich das Leben nehmen. So ist es beschlossen.«

»Das ist doch . . .!«, rief Daniel. Er fand keine Worte und starrte den Bruder an.

»Verstehst du jetzt«, fuhr Absalom fort, »warum ich geflohen bin? Natürlich wussten Ionathan und ich, dass es fast unmöglich sein würde, durch die römischen Linien zu kommen, doch ein Leben in Gefangenschaft ist besser als der Tod.«

Nach einer längeren Pause, in der Daniel über die ungeheure Mitteilung nachdachte, vergewisserte sich Absalom: »Du willst also nach Petra?«

»Ja.«

Absalom pfiff leise durch die Zähne: »Nicht schlecht. Ich hätte genauso entschieden.«

Kurze Zeit später wurden sie von Ioannes und Ionathan abgelöst. Absalom drängte darauf, unmittelbar nach deren Wache weiterzureiten.

»Warum das?«, fragte Ionathan.

»Weil ich sicher bin, dass unsere Verfolger uns hart auf den Fersen sind. Ich glaube sogar den Mann zu kennen, der dabei das Kommando hat.«

»Wer soll das denn sein?«, fragte Daniel.

»Clodius Marcellinus.«

»Wer ist das?«

»Ein Tribun.«

»Ein Tribun? Ist das nicht etwas zu hoch gegriffen, Absalom? Der Mann gehört doch zum Stab des römischen Feldherrn!«

»Sicher. Und er hat das Kommando über eine Kohorte.«

»Also, das kann ich mir beim besten Willen nicht vorstellen. Ein Centurio – ja. Aber ein Tribun? Es sei denn, du wärst ihm sehr wichtig.«

»Genau das ist der Fall.«

»Warum?«

»Er hat mich gestern und heute verhört.«

»Das ist doch gewiss nichts Ungewöhnliches. Er wollte wissen, wie die Stimmung oben in der Festung ist.«

»Das auch. Aber wichtiger war ihm etwas anderes: Unter vier Augen fragte er mich, wo die fehlenden Teile des Jerusalemer Tempelschatzes versteckt wären.«

»Fehlende Teile des Schatzes?« In Daniel kamen unangenehme römische Erinnerungen hoch.

»Ja. Er fragte immer wieder danach. Für den Fall, dass ich darüber genauere Angaben machte, versprach er mir sogar die Freiheit.«

Daniel, der mit wachsendem Interesse zugehört hatte, fragte: »Woher kennst du denn den Namen des Tribuns?«

»Aus Jerusalem. Er gehörte früher zum Gefolge des Gessius Florus.«

»Des Statthalters?«

»Ja. Woher kennst du den Namen?« Absalom musterte Daniel erstaunt.

Daniel dachte nach: »Sagt dir der Name eines gewissen Rutilius Rufus etwas?«

»Ja, der gehörte auch zu den Freunden des Statthalters.«

»Auch ein gewisser Arruntius?«

»Möglich. Ich erinnere mich nicht genau. Warum fragst du?«

»Weil sie alle zu einer Clique gehören, die in allergrößtem Maßstab kostbare Beutestücke beiseite geschafft haben, um sie später auf eigene Faust an vermögende Römer zu verkaufen. Esther und ich, wir sind ihnen durch Zufall auf die Schliche gekommen. Und unsere Mutter hätten ihre Machenschaften fast das Leben gekostet.« Er schilderte so kurz wie möglich die Ereignisse und schloss: »Jetzt verstehe ich deine Sorge. Dieser Clodius wird alle Hebel in Bewegung setzen, um deiner wieder habhaft zu werden.«

Absalom nickte langsam und erklärte: »Wir sollten so schnell wie möglich aufbrechen.«

»Einverstanden.«

202

XXIII

Am Nachmittag des übernächsten Tages näherten sie sich dem Eingang einer Schlucht. Der Weg war so schmal, dass sich gerade zwei Tiere mit ihren Reitern nebeneinander bewegen konnten. Die schräg stehenden Sonnenstrahlen erreichten nur noch den obersten Rand der Felswände und ließen das Gestein erglühen. Nur ein Rest dieses Scheins erreichte den Boden der Schlucht, die über zweihundert Fuß tiefer lag. Doch schnell gewöhnten sich die Augen der Reiter an das Zwielicht. Der Verlauf des Pfades war klar zu erkennen.

»Wie weit ist es noch bis Petra?«, fragte Absalom, zu Ioannes gewandt, der neben ihm ritt.

»Nicht mehr weit«, war dessen wortkarge Antwort und Absalom ließ es dabei bewenden.

Mit höchster Konzentration ritten sie weiter, Augen und Ohren waren aufs Äußerste angespannt. Sie mussten jederzeit damit rechnen, von nabatäischen Kriegern gestellt zu werden. Doch es blieb ruhig.

Es wurde nun nicht mehr gesprochen. Nach einer weiteren Viertelstunde rief Ionathan, der als Letzter ritt, plötzlich: »Da war was!«

»Wo?«, fragte Daniel.

»Hinter uns! Da! Hört ihr's?«

Alle hatten angehalten und lauschten nach hinten. Deutlich war das Traben von Pferden oder Maultieren zu hören. Es kam schnell näher.

»Weiter!«, stieß Absalom hervor. »Weiter! Schnell!«

Es bedurfte dieser Aufforderung nicht, denn die vorderen Reiter spornten ihre Tiere schon an und jagten mit erheblicher Geschwindigkeit durch die Schlucht, deren seitliche Wände kaum noch zu erkennen waren.

Ionathan rief von hinten: »Schneller! Sie kommen näher!«

»Dann haben sie Pferde!«, rief Absalom. »Wir müssen es schaffen, Petra vor ihnen zu erreichen. Schneller! Schneller!«

Doch die Verfolger ließen sich nicht abschütteln, sie kamen unaufhaltsam näher. Und dann geschah alles sehr schnell: Die Wände der Schlucht traten auseinander und bildeten einen kleinen Kessel. An seinem Ende war der Durchgang durch Hindernisse versperrt. Balken, dorniges Gestrüpp und umgestürzte Baumstämme bildeten eine unüberwindliche Barrikade. Dahinter waren schemenhaft Menschen zu erkennen, sie trugen Helme – also Krieger! Nabatäer? Wer sonst!

»Es musste ja so kommen!«, stellte Ionathan deprimiert fest, doch Absalom fuhr ihn an: »Schweig! Noch sind wir nicht verloren.«

Da kam von der Höhe ein unerwarteter Befehl: »Werft eure Waffen weg! Widerstand ist zwecklos.«

Der Mann hatte Latein gesprochen, offenbar hielt er sie für Römer. Sie blickten nach oben und erkannten im letzten Licht des Tages schemenhaft Gestalten, die, etwa fünfzig Fuß über ihnen, mit Lanzen und schussbereit gespannten Bögen auf sie zielten.

Fast im gleichen Augenblick preschten von hinten die Verfolger in den Kessel. Mit einem Blick war zu erkennen, dass es sich um ein römisches Kommando handelte. Die meisten der Soldaten trugen Helme, Lederkoller und den kurzen Kriegsrock der Legionäre. Ein Mann fiel auf wegen seines roten Federbuschs am Helm. Ein Tribun!

Sie hielten kurz inne, um sich zu orientieren, und machten dann Anstalten, sich auf die Flüchtlinge zu stürzen. Doch zu ihrer völligen Überraschung wurden sie daran gehindert: Eine Lawine von Steinen, Geröll und großkalibrigen Felsbrocken ging auf sie hernieder, so dass sie überrascht zurückwichen. Dann ertönte der gleiche Ruf wie vorhin, wieder auf Latein: »Werft die Waffen weg! Widerstand ist zwecklos!«

Daniel drehte sich um und erkannte, dass auch an der Stelle, wo der Weg den Kessel erreichte, nabatäische Krieger Aufstellung genommen hatten und mit gespannten Bögen auf die Römer zielten. Beide Gruppen – Verfolger wie Verfolgte – saßen in der Falle und erkannten blitzschnell, dass sie sich gegen die unerwarteten Gegner nicht würden behaupten können. Zum einen waren diese in der Überzahl, zum andern konnten ihre Bogenschützen jeden Gegner im Kessel außer Gefecht setzen ohne sich selbst irgendeiner Gefahr auszusetzen.

»Zum letzten Mal!«, tönte es scharf von oben. »Legt eure Waffen auf den Boden und stellt euch mit erhobenen Händen in der Mitte auf! Wer dieser Aufforderung nicht Folge leistet, kommt hier nicht lebend raus!«

Der Ton der Stimme machte unmissverständlich klar, dass die Nabatäer mit ihrer Drohung Ernst machen würden. Obwohl die Lage todernst war, musste Daniel lächeln, als ihm das Absurde der Situation bewusst wurde: Direkt neben ihm beugte sich der Tribun nach unten und legte sein Kurzschwert und seinen Dolch auf den Boden. Seinen Soldaten rief er zu: »Tut, was er sagt!«

Während die Krieger in der Höhe auf ihren unerreichbaren Felsüberhängen in Stellung blieben – ihre Waffen ununterbrochen auf die Eindringlinge gerichtet –, sprangen plötzlich an die dreißig weitere aus den Zugängen in den Kessel und legten den Überrumpelten in wenigen Augenblicken Fesseln an.

Daniel hörte, wie der Tribun murmelte: »Das wird euch noch teuer zu stehen kommen, ihr Hunde!«

Die Reaktion des nabatäischen Soldaten, der den Römer gefesselt hatte, war kurz und rigoros: »Maul halten, Mann! Nur reden, wenn gefragt! Ist das klar?!«

In unmissverständlicher Drohung setzte er dem Römer die Spitze seines Schwertes auf die Brust. Das wirkte auf der Stelle. Dem Tribun blieb nichts, als sich wie alle andern zu fügen. Er schwieg und man sah ihm an, wie schwer ihm das fiel.

Daniel, Absalom, Ionathan und Ioannes wurden an Seile geknotet, die Römer ebenfalls. Die Sperre am Ausgang des Kessels wurde geöffnet. Der Zug von Menschen, Pferden und Maultieren setzte sich langsam in Bewegung.

Ioannes, der hinter Daniel ging, flüsterte ihm zu:
»Wir sind gleich da!«

Sofort bellte der nächste Bewacher: »Ruhe!«

Seltsamerweise hatte er nun Hebräisch gesprochen.
Was hatte das zu bedeuten?

Nach einer Viertelstunde erreichten sie das Ende der
Schlucht. Vor ihnen öffnete sich der große Talkessel von
Petra. Die Gefangenen spürten es an der Luft, sie war
jetzt wärmer, trockener und auch frischer. Einzelheiten
konnten sie kaum ausmachen, da es schon zu dunkel
war. Über den dunklen, jetzt schwarzen Felsen im Westen verglühte der letzte Rest des Tageslichts. Hier und da
drang aus großen rechteckigen Öffnungen in den Felswänden helles Licht. Große Portale, die man über breite
Treppen erreichte, führten ins Innere des Berges.

Der Befehlshaber der nabatäischen Krieger ließ in der
Mitte des Platzes anhalten und besprach sich mit zweien
seiner Leute. Sie nickten mehrmals und gingen auseinander, der eine zu den Römern, der andere zur Gruppe
um Daniel und Absalom.

»Folgen!«, hieß es zweimal – erst auf Latein, dann auf
Hebräisch.

›Woher wissen die, dass wir Hebräisch sprechen?‹,
fragte sich Daniel und fand darauf keine Antwort.

Ihr Bewacher führte sie weiter über das ausgedehnte
Areal des Talkessels. Daniel drehte sich um und sah,
dass die Römer in die entgegengesetzte Richtung marschierten. Also trennte man sie voneinander. Aber warum?

Die Straße war nun auf voller Breite gepflastert und lief auf ein großes Tor zu, das einem Triumphbogen glich: Der mittlere hohe Torbogen war rechts und links von zwei kleineren gerahmt. Sie schritten hindurch. Am Hall ihrer Schritte erkannten sie, dass die Straße ab hier rechts und links von hohen Säulenhallen gerahmt wurde. An einigen Stellen brannten Lampen. Händler waren damit beschäftigt, den letzten Rest ihrer Waren in anschließende Räume zu bringen.

Sie passierten mehrere hohe, mit Treppen und Säulen geschmückte Gebäude, die wie Tempel oder Basiliken aussahen. Nach einer halben Meile endete die Säulenhalle. Es folgten auch keine großen Gebäude mehr. Sie hatten wohl das Ende der Stadt erreicht.

Ihr Bewacher ließ sie nach links schwenken, sie gingen auf eine dunkle Wand zu. Als sie nur noch wenige Schritte entfernt waren, sahen sie, dass aus dem höhlenartigen Innern im Berg ein schwacher Lichtschein kam. Sie wurden hineingestoßen. Hinter ihnen fiel eine große hölzerne Doppeltür ins Schloss. Man hörte, wie außen Riegel geschoben wurden.

»Na, wenigstens Licht haben wir!«, sagte Ionathan.

Im Schein zweier Öllampen, die an einer Wand befestigt waren, suchte jeder eine Stelle, wo er sich niederlassen konnte. Es gab sogar Decken.

Sie lagen schon im Halbschlaf, als draußen die Riegel betätigt wurden und die Tür aufgerissen wurde. Vier Männer traten forsch ein, drei von ihnen waren nabatäische Krieger. Der Vierte trug den zivilen, bis zu den

Knöcheln reichenden Burnus. Er ging bis zur Mitte des Raums, schaute kritisch in die Runde und rief: »Daniel ben Nathan!«

Daniel setzte sich hoch und sagte überrascht: »Hier!«

»Absalom ben Nathan!«

»Hier!« Er setzte sich aufrecht und wechselte mit Daniel einen erstaunten Blick.

»Ionathan ben David! Ioannes ben Hiskia!«

Die Genannten fuhren in die Höhe und riefen: »Hier!«

»Aufstehen! Mitkommen!«

Man fesselte ihnen die Hände auf dem Rücken und knüpfte sie hintereinander an ein Seil. Flucht oder Widerstand waren so ausgeschlossen.

Als sie vor die Tür traten, empfing sie vollkommene Dunkelheit. Sie konnten zunächst nichts erkennen. Doch das dauerte nur wenige Augenblicke. Vom wolkenlosen Himmel blinkten unzählige Sterne. Ihre Begleiter bewegten sich mit nachtwandlerischer Sicherheit. Am harten Untergrund erkannte Daniel, dass sie auf der gepflasterten zentralen Straße marschierten, und zwar in die Richtung, aus der sie vorhin gekommen waren – also nach Norden. Nun war es hier still. In unregelmäßigen Abständen drang hier und da ein Lichtschein aus einem der Räume, in denen wohl noch der eine oder andere Händler sich zu schaffen machte.

Sie marschierten direkt auf das große Tor mit den drei Durchgängen zu. Als sie es passiert hatten, rief der Anführer unvermittelt: »Halt! Hier warten!«

Die drei Soldaten ließen sie nicht aus den Augen. Schon nach wenigen Augenblicken kam der Anführer zurück und es hieß: »Achtung! Folgen!«

Sie gingen nach links, an der Rückwand eines sehr großen Gebäudes entlang. Nach zehn Schritt bogen sie wieder links ab und standen vor einem hohen, torartigen Eingang. Zahlreiche Lampen und Fackeln erleuchteten den Platz fast taghell. Rechts und links standen bewaffnete Posten, die zackig grüßten, als ihr Führer vorbeiging.

Sie durchschritten einen Korridor, der sich zu einem großen Vestibül öffnete. Auch hier Soldaten. Daniel hörte, wie Absalom erstaunt flüsterte: »Das ist unglaublich! Das ist wie in Massada!«

Meinte er damit etwa, dass es sich hier um einen Palast handelte wie in der Festung? Etwa einen Königspalast? Dann könnte es sich hier um den Wohnsitz des nabatäischen Herrschers handeln.

Sie kamen in eine weitere, große Vorhalle, deren Wände reich bemalt waren. So leuchtende Farben hatte David noch nie gesehen.

Der dritte Raum, den sie betraten, wurde in etwa zwanzig Fuß Höhe von einer Kuppel überwölbt. In den Ecken und in der Mitte der Wände befanden sich Nischen, die von Säulen gerahmt wurden. Alles war farbig bemalt und oder mit farbigen Marmorplatten verziert. Die Säulen endeten in Kapitellen mit stilisierten Blatt- und Blütenornamenten.

»Halt! Hier warten!«, befahl ihr Führer und verschwand. Diesmal dauerte es eine ganze Weile, bis sie endlich Schritte und lautes Reden im Nebenraum hörten. Doch Daniel und Absalom verstanden kein Wort dessen, was da besprochen wurde. Die Sprache musste Nabatäisch sein.

Endlich kam ihr Führer zurück und gab ihnen mit der Hand das Zeichen, ihm in den Nebenraum zu folgen. Bevor sie eintraten, ermahnte er sie streng auf Griechisch: »Verbeugt euch tief vor der Erhabenheit des Königs und haltet den Kopf gesenkt!« Es klang fast wie eine Drohung.

Der Raum entsprach in der Größe dem Kuppelraum, doch fehlten hier die acht Nischen. Dafür standen an seiner Rückwand, auf einem Podest erhöht, zwei thronartige Stühle mit hohen Rückenlehnen, über und über mit Gold bedeckt.

Obwohl noch niemand auf den Thronen saß, leisteten sie der Anordnung Folge und verbeugten sich tief. Den Blick auf das farbige Mosaik des Bodens gerichtet, spürten sie den Lufthauch und sahen die langen Gewänder von zwei Gestalten, die an ihnen vorbeigingen und auf den Thronsesseln Platz nahmen. Doch sie wagten nicht hochzublicken und warteten, dass jemand das Wort an sie richtete.

»Ihr könnt euch jetzt aufrichten!« Mit ihnen sprach er Griechisch.

Als sie sich erhoben und den Blick nach vorne richteten, staunten sie nicht wenig: Auf dem größeren der beiden Throne saß ein vielleicht dreizehn- oder vierzehnjähriger Junge; auf dem zweiten eine Frau, die Daniel auf Anfang dreißig schätzte. Die Ähnlichkeit zwischen beiden war so auffällig, dass es sich nur um Mutter und Sohn handeln konnte. Unmittelbar neben dem Jungen, freilich eine Stufe tiefer, stand ein älterer, bärtiger Mann in langem Burnus. Er wie auch der junge König ließen ihren Blick neugierig über die Gesichter der drei Fremden hin und her wandern. Die Königinmutter widmete ihnen nur kurz ihre Aufmerksamkeit, doch sie tat es geradezu abschätzig, ihre Mundwinkel neigten sich verächtlich nach unten.

Rechts und links der Throne hatte je ein Ehrensoldat Posten bezogen. Sie standen mit leicht gespreizten Beinen wie Statuen, stützten sich auf eine Lanze und blickten unbeteiligt nach vorne.

In einigem Abstand von der Szene hatte ein Schreiber Aufstellung genommen, in der Rechten die Schreibtafel, in der Linken den Stilus, jederzeit bereit, auf Befehl etwas schriftlich festzuhalten.

Die Königin wandte sich an den Schreiber: »Du wirst alles, was diese Männer sagen, festhalten!«

»Sehr wohl, Herrin!« Er verbeugte sich.

Beide hatten Griechisch gesprochen. Daniel war sofort klar, dass dies nicht aus Höflichkeit den drei Gefangenen gegenüber geschah, sondern weil Griechisch am Hof wohl die offizielle Sprache war. Falls sie etwas kommentieren wollten, was die Gefangenen nicht verstehen sollten, konnten sie jederzeit ins Nabatäische wechseln.

Die Königin gab dem bärtigen Alten mit einer Handbewegung zu verstehen, er könne mit dem Verhör beginnen, und fügte ein kühles »Bitte, Erotimos!« hinzu.

Während Daniel, Absalom, Ionathan und Ioannes noch darüber rätselten, welche Funktion dieser Mann bei Hofe hatte, trat Erotimos einen Schritt vor und betrachtete mit unbeteiligter Miene die Gesichter der vier Gefangenen. Dann begann er: »Seine Erhabenheit...« – er wies auf den jungen König – »möchte von euch wissen, warum ihr das römische Militärlager heimlich verlassen und euch heimlich in den Machtbereich seiner Erhabenheit begeben habt...« Seine Stimme klang tief und warm. Daniel wusste nicht zu sagen, warum, aber dieser Mann war ihm nicht unsympathisch.

»Wir sind nicht heimlich gekommen!«, stellte Absalom auf der Stelle klar. Er war in den Tonfall des jüdischen Offiziers gefallen, der nicht gewillt war, sich – von wem auch immer – einschüchtern zu lassen.

Doch sofort fiel ihm die Königin ins Wort: »Du wirst nur reden, wenn man dir dazu die Erlaubnis erteilt!«

Daniel warf dem Bruder einen warnenden Blick zu. Absalom schwieg.

»Die Frage ist nicht beantwortet!«, stellte die Königin unbeirrt fest.

Daniel überschlug blitzschnell alle möglichen Antworten. Man durfte jetzt auf keinen Fall die Mächtigen, denen sie auf Gedeih und Verderb ausgeliefert waren, mutwillig reizen. Im Übrigen war ihm, wie wohl auch Absalom und den anderen, klar geworden, dass sie von falschen Vorstellungen ausgegangen waren: Man betrachtete sie nicht nur als ungebetene Gäste, sondern als Feinde! Aber warum?

Daniel versuchte die Situation zu retten und erklärte: »Wir sind – das heißt: wir waren auf einer Geschäftsreise.«

»Oh, das ist aber eine seltsame Geschäftsreise!« Erotimos lächelte schmal. »Seit wann pflegen friedliche Kaufleute Gefangene zu befreien?«

Wieso hatte Erotimos davon Kenntnis? Etwa vom römischen Tribunen Clodius? Dann musste man ihn und seine Leute bereits verhört haben. Oder verfügte er über einen eigenen Spitzeldienst? Dafür sprach, dass Clodius und seine Leute hier nicht anwesend waren. Und die Festnahme der Römer ... war sie etwa auf Erotimos' Anordnung geschehen? Wusste die Königin nichts davon? Verwirrende Fragen! Daniel wechselte mit dem Bruder einen Blick, der sagte: Nur keine Einzelheiten mitteilen! Wir müssen erst herausbekommen, was sie mit uns vorhaben. Wenn wir schweigen, müssen sie in irgendeiner Weise reagieren.

»Ihr wollt also nicht reden«, fuhr Erotimos fort. »Nun, wir haben Zeit, viel Zeit.«

Er wandte sich an »Seine Erhabenheit«, doch er meinte nicht den jungen König, sondern die Königinmutter, als er sagte: »Ich schlage vor die Gefangenen in Einzelzellen unterzubringen, damit sie genügend Zeit haben nachzudenken. Vielleicht halten sie es dann für angebracht, beim nächsten Verhör mit der Wahrheit herauszurücken. – Falls Seine Erhabenheit damit einverstanden ist.«

»Seine Erhabenheit ist einverstanden. Nicht wahr, Rabel?«

Die Königin lächelte ihrem Sohn freundlich zu und er antwortete: »Ja, das ist ein guter Vorschlag. So soll es geschehen. Man bringe die Gefangenen weg!«

Und die Königin: »Hast du gehört, Erotimos? Der König hat befohlen die Gefangenen wegzuschaffen!«

»Selbstverständlich!« Erotimos verbeugte sich leicht. Dann wandte er sich an die Gefesselten: »Mitkommen!«

Er verließ den Raum, Daniel, Absalom, Ionathan und Ioannes setzten sich hinter ihm in Bewegung und folgten ihm. In ihren Mienen spiegelte sich die Sorge, wohin man sie bringen würde.

In dem Korridor, wo die Wachmannschaft sich in Bereitschaft hielt, sprach Erotimos leise, aber bestimmt mit einem der Soldaten. Der Mann nickte und stellte ein Begleitkommando von acht Kriegern zusammen. Sie hatten den Zug der Gefangenen zu begleiten. In welches Verlies würde man sie stecken?

Man führte sie nach draußen. Sie kehrten aber nicht durchs Tor in die Stadt zurück, sondern marschierten in die entgegengesetzte Richtung. Nach etwa einem Stadion verließen sie die Straße in östlicher Richtung. In der Dunkelheit war die Beschaffenheit dieser Gegend nicht zu erkennen. Vielleicht gab es in einer der umgebenden Felswände ein weiteres Gefängnis mit Einzelzellen. Daniel spürte, wie die Angst in ihm hochstieg.

XXIV

Plötzlich blieb der militärische Anführer stehen. Die ganze Gruppe machte Halt. Der Mann sprach mit Erotimos. Die untertänige Art, mit der er auf alles reagierte, was Erotimos ihm sagte, ließ erahnen, dass der Bärtige einen sehr hohen militärischen Rang innehaben musste.

Doch dann geschah etwas Seltsames: Die Soldaten lösten den Gefangenen die Fesseln und gaben ihnen durch Zeichen zu verstehen, Erotimos, der schon vorausging, zu folgen. Verwirrt gehorchten sie. Im Dunkeln erkannten sie vor sich schemenhaft die Umrisse eines flachen, aber weitläufigen Gebäudes. Als sie näher kamen, fiel ihnen der schmucklose Eingang auf. Es hätte sich durchaus um ein römisches Stadthaus auf dem Esquilinus oder Caelius handeln können. Wie in Rom waren auch hier keine Fensteröffnungen zu erkennen. Also gruppierten sich die Gebäudeteile um einen Innenhof. Handelte es sich etwa um ein Privathaus?

Beim Eingang wandte sich Erotimos an die Soldaten –

und diesmal sprach er wieder Griechisch: »Behaltet alles gut im Auge! Ich möchte keine unangenehme Überraschung erleben! Verstanden?«

»Jawohl, Chiliarchos!«

Warum wurde jetzt Griechisch gesprochen? Und wieso wurde Erotimos mit ›Chiliarchos‹* angeredet?

Die Tür wurde von innen geöffnet. Also wurde Erotimos erwartet. Sie folgten ihm, durchschritten einen längeren Flur und traten, wie erwartet, in einen Innenhof. Mehrere Diener standen bereit, die Befehle ihres Herrn auszuführen. Doch er hatte keinen Auftrag für sie, sondern sagte nur: »Ich möchte jetzt nicht gestört werden. Es sei denn, einer der Soldaten hat etwas zu melden. – David!«

»Herr?«

»Du bleibst!«

Die übrigen Diener verbeugten sich und zogen sich zurück.

David . . .? Wenn man von seinem Namen ausging, konnte er Jude sein. Die Übrigen etwa auch? Dann hätte der Chiliarchos jüdische Sklaven im Haus!

Daniel blickte fragend zu Absalom hinüber, doch der zuckte nur kaum merklich mit den Schultern.

Der Hausherr wandte sich an die Gefangenen: »Ich bitte euch mir zu folgen . . .«

Er ging voraus in einen Raum, den man in Rom als

---

* Griechisch: eigentlich Anführer von 1000 Mann, aber auch Befehlshaber im Allgemeinen

217

Tablinum bezeichnet hätte. Alles sprach dafür, dass hier wichtige Besucher empfangen wurden: das kostbare Gestühl aus dunklen Hölzern, die bequemen Sessel, die kleinen Tische mit Marmor- und Onyxplatten, die überaus farbenfrohen Wandmalereien, auf denen immer wieder Landschaften mit Wasser, mit Bächen und Flüssen dargestellt waren, an deren Ufern sich ein paradiesisch üppiger Pflanzenwuchs entfaltete. An einer Wand ein Bücherregal, so voll von Buchrollen, dass sie in Querlage gestapelt waren. Daniel hörte, wie Ioannes Ionathan zuflüsterte: »Ich glaube, ich träume . . .«

Der Hausherr bot den vollkommen überraschten Besuchern Plätze an und fügte hinzu: »Als Erstes müsst ihr etwas essen und trinken, damit ihr wieder zu Kräften kommt!«

David bekam den Auftrag, Speisen zu holen, dann nahm Erotimos neben Absalom Platz und fuhr ruhig fort: »Ich habe das Erstaunen in euren Augen gesehen. Ihr rätselt über mein Verhalten.«

Absalom fragte: »Wer bist du? Ein Grieche?«

Erstaunt registrierte Daniel den ungemein selbstsicheren, ja herrischen Ton, den der Bruder gegenüber dem nabatäischen Würdenträger anschlug. Er selbst hätte diese Frage nie zu stellen gewagt.

»Durchaus nicht, nein«, antwortete Erotimos gelassen und lachte kurz belustigt auf. »Du schließt das wohl aus meinem Namen, nicht wahr?«

»Ja, außerdem sprichst du vollkommen akzentfrei!«

»Dennoch bin ich Nabatäer. Mein Name, nun . . .« Er

lehnte sich zurück. »Mein eigentlicher Name lautet Aretas.«

Absalom hob den Blick. »Der Vater des jetzigen Königs hieß Aretas!«

»So ist es. Aretas der Vierte. Ich bin ein älterer Vetter von ihm. Der Name Aretas kommt in unserer Familie häufig vor. Damit man uns leichter auseinander halten konnte, legte man mir die griechisch angepasste Form zu: Erotimos. Und was das Griechische betrifft . . . Es wird hier seit den Tagen Alexanders des Großen überall unter den Gebildeten gesprochen.« Ohne eine Überleitung wechselte er plötzlich das Thema: »Du bist Absalom, nicht wahr?«

»Ja, aber . . .«

»Woher ich das weiß?« Er lächelte fein und wies auf Daniel: »Und er . . . er ist dein Bruder Daniel.«

Da rief Daniel: »Verzeih meine Neugier, Erotimos, aber die Frage drängt sich auf: Woher weißt du das alles? Etwa von Clodius Marcellinus, dem römischen Tribunen?«

»Nein.«

»Woher dann?«

»Nun . . .« Er betrachtete seine Hände. »Wir haben in Massada gute Informanten.«

Daniel wechselte mit dem Bruder einen Blick und fragte hartnäckig nach: »Unter den Händlern?«

»Vielleicht. Aber das ist jetzt unwichtig. Wir haben nicht viel Zeit.«

»Wozu«, fragte Daniel, »sollten wir Zeit benötigen?«

»Für eure Flucht.«

Alle, auch Ionathan und Ioannes, starrten Erotimos verblüfft an.

»Ihr müsst Petra noch vor Beginn der nächsten Nachtwache verlassen haben.«

»Warum?«, fragte Absalom.

»Weil die Zeit drängt. Wenn nicht jetzt, wird es dafür zu spät sein.«

Ionathan, der bisher geschwiegen hatte, fragte: »Und wohin sollen wir gehen?«

»Das steht euch frei. Geht, wohin ihr wollt, nach Jerusalem, nach Caesarea oder nach Massada.«

»Massada?« Absaloms Miene versteinerte. Daniel fürchtete einen neuen Zornausbruch des Bruders.

Doch Erotimos ließ sich nicht aus der Ruhe bringen: »Hört zu! Ich werde euch nur so viel erklären, wie es für euer Verständnis der augenblicklichen, sehr komplizierten Verhältnisse hier notwendig ist. Es gibt an der Spitze unseres Staates zwei Parteien mit zwei entgegengesetzten Auffassungen darüber, wie wir uns den Römern gegenüber verhalten sollen. Der König ist noch unmündig. Seine Mutter, die erhabene Königin Shaqilat, hat bis zur Volljährigkeit Rabels die Regentschaft inne. Seit der Zeit, als ihr Gemahl, König Aretas, das Land regierte, steht Shaqilat in allerbesten Beziehungen zur römischen Regierung, also zum römischen Kaiser. Sie fühlt sich verpflichtet, sozusagen das Vermächtnis ihres verstorbenen Gemahls weiterzuführen. Das aber heißt: tatkräftige Unterstützung der römischen Truppen bei der

Belagerung Massadas. Einige Hundertschaften nabatäischer Soldaten kämpfen zusammen mit den römischen Legionen vor der Bergefestung.

Auf der anderen Seite gibt es eine starke Gruppe um Uneishu.«

Uneishu? Der Name sagte Daniel nichts.

Absalom kam Daniels Frage zuvor: »Wer ist das?«

»Der Bruder der Königin. Schon zu Lebzeiten König Aretas' war er dagegen, mit den Römern ein Bündnis einzugehen, weil er voraussah, dass dies auf Dauer zu einer schleichenden Entmachtung des Königshauses führen würde.«

»Du meinst . . .«, griff Absalom den Gedanken auf, »die Römer stellen von Jahr zu Jahr größere – ich könnte auch sagen: unverschämtere Forderungen.«

»Ja. Sie wollen unseren kleinen Staat in vollkommene Abhängigkeit von der römischen Staatsführung bringen. Dabei geht es ihnen im Grunde nur um die Kontrolle unserer Handelswege in den Süden Arabiens. – Aber ich will nicht abschweifen und mich kurz fassen: Dem Bruder der Königin obliegt es, als ihr Kanzler für die Durchführung der Befehle zu sorgen. Doch nach seiner Meinung sind die Entscheidungen der Königin falsch, weil sie Petra in immer größere Abhängigkeit von Rom führen, so dass die Stadt und der Staat irgendwann dem römischen Kaiser wie ein reifer Apfel in den Schoß fallen.

Uneishu dagegen ist überzeugt, dass wir uns sehr wohl noch längere Zeit als selbstständiges Gemeinwesen behaupten können. Freilich nur dann, wenn wir Rom so lange wie möglich die Stirn bieten und energisch auf unsere uralten Rechte pochen.«

»Erlaube mir eine Frage!«, sagte Absalom. Seine Stimme klang nun höflich, aber kühl. »Welche Rolle spielst du in diesem Machtspiel?«

»Ich denke, das müsstest du nach meinen Erklärungen erkannt haben: Ich stehe auf der Seite Uneishus.«

»Gut. Aber was hat das alles mit mir, mit meinem Bruder, mit Ionathan und Ioannes zu tun? Warum sind wir hier und nicht im Gefängnis? Ich erkenne keinen Zusammenhang.«

Daniel blickte warnend zu seinem Bruder hinüber. Er durfte nicht zu weit gehen!

Statt zu antworten läutete Erotimos mit der Tischglocke. David erschien und fragte nach den Wünschen des Herrn.

»David!« Der Hausherr sah ihn freundlich an. »Beantworte bitte einige Fragen. Unsere Gäste brennen geradezu darauf, sie dir zu stellen!«

David nickte und Erotimos fragte: »Bist du ein Sklave?«

»Nein, natürlich nicht. Hat das etwa einer von ihnen gesagt?«

»Nein, aber sie wollen es wissen. Zweite Frage: Sind die Übrigen, deine Landsleute, meine Sklaven?«

»Aber nein!«

Erotimos sah Absalom in einer Weise an, als ob er ihn ermuntern wollte, selbst mit der Befragung fortzufahren. Absalom ging sofort darauf ein: »Soll das etwa heißen, du bist aus freien Stücken hier?«

Und David: »Ja, das ist richtig.«

»Und wo warst du vorher?«

David sah Erotimos fragend an, ob er darauf antworten sollte, und dieser ermunterte ihn: »Du brauchst keine Scheu zu haben. Absalom ist Jude wie du. Mehr noch, er kämpfte in den letzten fünf Jahren an verschiedenen Orten gegen Rom, auch in Jerusalem. Bis vor kurzem war er in Massada.«

Die Gäste wechselten erstaunte Blicke: Woher wusste Erotimos das alles?

»Ich verstehe«, sagte David. Er schaute Absalom prüfend und so selbstsicher an, dass dieser nicht ohne Schärfe fortfuhr: »Und du?«

»Auch ich kämpfte gegen Rom und für unsere Freiheit!«

»Wo?«

David nannte verschiedene Orte. Um sich zu vergewissern, dass dies keine Erfindung war, fragte Absalom nach den Namen der jeweiligen Befehlshaber und Offiziere und David nannte sie ohne zu zögern zusammen mit den Namen und Bezeichnungen der militärischen Einheiten, die sie befehligt hatten.

Absalom wandte sich an Daniel: »Es stimmt alles, was er sagt.« Und wieder zu David: »Warum bist du dann hier und nicht in Massada?«

»Weil wir zu spät kamen.«

»Was soll das heißen?«

»Wir versteckten uns in den ersten Jahren an verschiedenen Plätzen Iudaeas. Doch das wurde immer gefährlicher, weil die römischen Truppen jede Stadt, jedes Dorf, jeden Hof nach überlebenden jüdischen Soldaten sehr genau durchsuchten. Wir waren dauernd auf der Flucht. Schließlich wollten wir uns nach Massada durchschlagen. Zu spät! Festung und Berg waren von römischen Truppen eingeschlossen. Um den Römern nicht in die Hände zu fallen, zogen wir uns auf nabatäisches Gebiet zurück, lebten in Höhlen im Gebirge, bis wir vor etwa einem halben Jahr einer nabatäischen Streife in die Hände fielen. Wir hatten bereits mit unserem Leben abgeschlossen. Umso größer war unsere Überraschung, als wir bei Nacht in dieses Haus gebracht wurden. Den Rest wirst du kennen.«

Mit wachsendem Erstaunen hatten Daniel, Absalom, Ionathan und Ioannes zugehört. Endlich wandte sich Daniel an den Hausherrn: »Du gehst ein sehr großes Risiko ein, Erotimos! Du wirst dein Doppelspiel nicht ewig vertuschen können!«

»Natürlich nicht. Aber das schweißt uns zusammen.«

»Und was ist mit dem Tribunen Clodius Marcellinus und seinen Soldaten?«, fragte Daniel.

»Sie sind an einem sicheren Ort.«

»Heißt das etwa«, fragte Absalom, »du hast die Königin überhaupt nicht darüber informiert, dass sie hier sind?«

»Das ist richtig.«

Daniel und Absalom sahen sich an. Sie dachten das

Gleiche: Offenbar wollte Erotimos die gefangenen Römer als Faustpfand benutzen. Falls seine geheimen Intrigen gegen die offizielle Staatsführung an den Tag kamen, würde er wohl aufs Ganze gehen und damit drohen, die gefangenen Römer hinrichten zu lassen. Das setzte allerdings voraus, dass Erotimos und seine Hintermänner eine verschworene Gemeinschaft waren.

Endlich stellte Absalom die Frage, die sie alle bewegte: »Und was hast du nun mit uns vor?«

»Nichts.«

»Ich verstehe nicht.«

»Nun . . .« Erotimos lächelte wieder sein feines Lächeln. »Ich sagte es bereits: Ihr seid frei und könnt gehen, wohin ihr wollt.«

»Ja, aber . . .« Daniel dachte an die Folgen. »Man wird uns vermissen! Ich meine, es kann doch sein, dass die Königin . . .«

»Dann lasse ich sie wissen, dass die Gefangenen in dieser Nacht geflohen sind.«

»Das wird sie doch nicht glauben!«

»Aber sicher! Ihr wäret nicht die Ersten, die das getan haben.«

»Dann wirst du Schwierigkeiten bekommen.«

»Nein. Uneishu hält seine Hand über mich.«

Absalom schüttelte ungläubig den Kopf: »Ich verstehe die Welt nicht mehr! Warum tust du das? Wieso sind wir für dich so wertvoll?«

Erotimos trank einen Schluck Wein und sagte leise: »Ich könnte dir antworten: Weil es mir immer wieder eine große Befriedigung verschafft, etwas zu unternehmen, das den Römern schadet . . .«

»Aber das meinst du nicht!«

»Doch, doch, das auch! Aber es gibt noch etwas anderes.« Er sah Absalom eindringlich an und fuhr fort: »Du siehst deinem Vater sehr ähnlich.«

Absalom und Daniel wechselten einen Blick: Kannte er den Vater?

Daniel fragte es geradeheraus: »Kanntest du ihn?«

»O ja, sehr gut sogar.«

»Woher?«

»Wir haben in jungen Jahren gemeinsame Studien betrieben. Wir hatten den gleichen Lehrer, einen Griechen . . .«

»Sprichst du von Herakleion?«, fragte Absalom.

»Ja.«

Absalom sagte langsam, fast ungläubig: »Du lässt uns also ziehen, weil du das unserem Vater als einem Freunde schuldig bist . . .«

»So ist es. Und ihr solltet noch in dieser Stunde aufbrechen.«

Daniel und der Bruder hatten zwar noch eine Menge Fragen, vor allem auch Skrupel.

Doch Absalom erhob sich und sagte: »Wir danken dir, Erotimos. Auch im Namen unseres Vaters.«

Da aber Erotimos keine Anstalten machte, das Gespräch zu beenden und sich zu erheben, nahm Absalom wieder Platz. Auch die andern blieben sitzen. Offenbar wollte der Hausherr noch eine letzte Erklärung abgeben. Als sie kam, glaubten sie ihren Ohren nicht zu trauen.

»Da ist noch etwas . . .«, sagte Erotimos leise.

Alle sahen ihn erwartungsvoll an. Dieser Mann war immer für eine Überraschung gut.

»Ihr werdet draußen bei den Tieren einen Mann vorfinden, der gefesselt ist und dessen Augen verbunden sind. Ihr werdet ihn mitnehmen. Wenn ihr es geschickt anstellt, ist er der Garant dafür, dass ihr ohne Gefahr für Leib, Leben und eure Freiheit unbeschadet aus der ganzen Sache herauskommt.«

Atemlos fragte Daniel: »Kennen wir ihn?«

»Ja.«

»Wer ist es?«

»Der Tribun Clodius Marcellinus.«

»Nein!«, riefen alle fast gleichzeitig.

Erotimos nahm ihr Erstaunen lächelnd zur Kenntnis und fuhr sachlich fort: »Er hat nicht die geringste Ahnung, wo er sich augenblicklich befindet und auf wessen Veranlassung seine Festnahme durchgeführt wurde. Darum solltet ihr ihm die Augenbinde erst entfernen, wenn ihr außerhalb der Stadt seid.«

»Ja, aber . . .« Ionathan zwinkerte aufgeregt. »Was sollen wir denn mit ihm anfangen?«

»Nichts. Außer dass ihr ihn nach Massada zurückbringt.«

Daniel, Absalom, Ionathan und Ioannes wechselten erstaunte Blicke und wussten eine Weile nichts zu sagen. Bis Daniel, dem dämmerte, welcher Plan dahinter stecken konnte, atemlos erklärte: »Du meinst, wir . . . wir sollen ihm weismachen, wir hätten ihn befreit!«

»Genau das.«

»Und . . . und wir würden uns bereit erklären ihn nach Massada zurückzubringen, wenn er uns dafür die Garantie gibt, dass wir nicht strafrechtlich verfolgt werden!«

»So ist es.«

Absalom fragte skeptisch: »Und wenn er nicht darauf eingeht?«

»Er wird!« Erotimos nickte geradezu heiter. »Er wird! Ihr müsst allerdings wohl ein wenig Druck auf ihn ausüben.«

Ionathan dachte weiter und wollte wissen: »Und was ist mit den andern? Ich meine seine Soldaten?«

»Die behalte ich bis auf weiteres zu meiner besonderen Verfügung.« Erotimos wurde ernst. »Auch ich brauche ein Druckmittel.«

»Ich verstehe«, sagte Absalom. Dann fügte er hinzu: »Du spielst ein gefährliches Spiel, Erotimos!«

»Ich weiß, ich weiß. Aber wir leben auch in gefährlichen Zeiten!«

Als sie aus dem Haus traten, standen dort schon ihre Maultiere bereit zum Aufbruch, gesattelt und bepackt mit Lebensmitteln und gefüllten Wasserschläuchen. Die nabatäischen Krieger bewachten einen gefesselten Mann, dem eine Mütze über den Kopf gezogen und zusätzlich die Augen mit einem Tuch verbunden waren. Clodius Marcellinus!

Erotimos gab den Soldaten ein Handzeichen. Sie gaben dem Gefangenen zu verstehen, dass er aufsitzen sollte. Mit ihrer Hilfe gelang es. Dabei wurde kein Wort gesprochen.

Erotimos winkte Daniel, Absalom, Ionathan und Ioannes zur Seite. Es wurde nur leise gesprochen. Der Abschied war kurz. Erotimos wünschte ihnen Glück und fügte hinzu: »Möge der Herr seine Hand über euch halten und euch auf sicheren Wegen geleiten!«

Von den Soldaten war niemand mehr zu sehen. Ioannes setzte sich an die Spitze des Zuges. Sie ritten los. Dabei stellten sie erstaunt fest, dass man den Tieren die Hufe mit Tüchern umwickelt hatte. Ihre Tritte waren so kaum zu hören. Erotimos hatte an alles gedacht.

XXV

Sie verließen den Talkessel in nördlicher Richtung und folgten dem Weg, der durch die Schlucht führte, den sie schon kannten. Unbehelligt erreichten sie freies Gelände. Wieder waren es die Sterne, die ihnen den Weg zeigten. Es war kalt, doch sie bemerkten es kaum. Die warmen Leiber der Tiere wärmten ihre Oberschenkel. Hin und wieder hörten sie von irgendwoher das Lachen einer Hyäne. Sonst war es still. Der Weg folgte einem Trockental, das wohl nur alle zehn Jahre Wasser führte.

Niemand sprach. Alle waren mit dem gleichen Problem beschäftigt: Wie würde Clodius Marcellinus reagieren, wenn sie ihm ihre Bedingungen stellten?

Plötzlich hielt Ioannes an und wartete, bis alle zu ihm aufgeschlossen hatten.

»Was ist?«, fragte Ionathan.

»Wir müssen da hinauf!« Ioannes zeigte nach rechts. Vage erkannten sie große Felsbrocken und Geröll, aber keinen Pfad.

»Warum?«

»Ganz oben ist unter der Kante eine Höhle. Dort werden wir ausruhen. Und da sind wir sicher.«

Sie stiegen ab und arbeiteten sich den steilen Hang hinauf. Keines der Tiere strauchelte, trittsicher setzten sie Huf vor Huf.

Der Eingang zur Höhle war schmal, der Raum dahinter erstaunlich groß. Sie konnten sogar die Tiere bequem unterbringen.

»Wir können Feuer machen. Von unten ist kein Lichtschein zu erkennen«, schlug Daniel vor.

Ioannes und Ionathan sammelten trockenes Dorngestrüpp, herumliegende Reste verdorrter Äste und entfachten ein Feuer, das sie bei kleiner Flamme hielten. Daniel versorgte die Tiere und hängte ihnen die mit Körnern gefüllten Säcke um. Absalom bewachte den Gefangenen.

Die andern entnahmen ihren Packtaschen die Lebensmittel, die Erotimos ihnen mitgegeben hatte: Käse, Dörrfleisch von Schafen, einige Räucherfische, Oliven,

Feigen und trockenes Fladenbrot. Wasser war reichlich in den Schläuchen vorhanden. Nur Clodius erhielt nichts. Er sollte spüren, dass er ihnen in jeder Hinsicht ausgeliefert war.

Nach dem Essen erhob sich Daniel, er schaute seinen Bruder an und sagte: »Ich muss mit dir reden.«

»Gleich?« Absalom kaute noch auf einem harten Stück Dörrfleisch herum.

»Ja.«

Sie verließen die Höhle und setzten sich neben dem Eingang auf einen Felsbrocken.

»Schieß los!«, forderte Absalom den Jüngeren auf.

Daniel blickte über das dunkle Felsental und begann vorsichtig: »Die Sache hat einen Haken . . .«

»Welchen?«

»Was ist, wenn der Tribun nicht auf unser Angebot eingeht?«

»Ja, ich habe schon darüber nachgedacht. Aber wie sagte Erotimos so richtig?« Absalom strich sich über den allmählich wuchernden schwarzen Kinnbart und nickte gedankenvoll. »Wenn er nicht mitspielt, werden wir ihn unter Druck setzen!«

»Und wie?«

»Ha! Wir drohen ihm an, ihn an eine Karawane zu verkaufen, die in den Süden Arabiens zieht. Er wäre nicht der erste Römer, dem das passierte! Die Araber werden für ihn ein gewaltiges Lösegeld von seiner Familie fordern. Es kann aber ebenso gut sein, dass sie ihn als Sklaven behalten. Das wird er wissen! Und das wird ihn schnell veranlassen auf unseren Vorschlag einzugehen.«

Daniel blieb skeptisch: »Und wenn nicht?«

»Dann . . . werden wir ihn so lange bearbeiten, bis er mürbe ist. Aber dazu wird es nicht kommen. Römer vom Schlag des Clodius Marcellinus können nur in ihrer Welt leben. Das glauben sie jedenfalls. Im Übrigen steht für sie die Ehre ihrer Familie und die eines römischen Tribunen auf dem Spiel! Ich bin sicher, dass er auf unser Angebot eingeht. Vergiss nicht: Er muss doch auch an seine Soldaten denken, die immer noch irgendwo in Petra festsitzen!«

Daniel dachte nach und sagte nach einer Weile: »Aber wir brauchen eine Garantie! Wir müssen uns an irgendetwas halten!«

»Wir verlangen, dass er uns sein Wort als römischer Offizier gibt und alle, die zu unserer Gruppe gehören, nach der Ankunft in Massada frei ziehen lässt.« Absalom lächelte schmal. »Er wird sich nicht trauen, dieses Ehrenwort zu brechen.«

»Und wann«, fragte Daniel, »wollen wir es ihm sagen?«

»Übermorgen. Lassen wir ihn heute und morgen noch im Ungewissen. Das zermürbt ihn.«

Ohne Zwischenfälle zogen sie weiter. Aus Sicherheitsgründen wählte Ioannes abgelegene Pfade, auf denen sie zwar langsamer, aber ungefährdet vorwärts kamen.

Am Abend des dritten Tages befreite Absalom den Tribunen von Augenbinde und Mütze. Clodius brauchte eine Weile, bis er seine Umgebung wahrnahm. Das Erstaunen in seinen Augen war nicht zu übersehen, als er erkannte, mit wem er es zu tun hatte. Absalom, David, Ionathan und Ioannes saßen um ihn herum, jeder eine Waffe griffbereit neben sich am Boden. Sie hatten besprochen, dass Absalom die Sache in die Hand nehmen sollte.

Absalom wandte sich an den Tribunen: »Wir müssen miteinander reden!«

Ihre Blicke trafen sich.

Schließlich stieß Clodius hervor: »Was wollt ihr?«

»Freies Geleit!«

»Freies Geleit? Wohin?«

»Nach Massada!«

Der Tribun schien zwar zu ahnen, worauf Absaloms Forderung hinauslief, doch er sagte: »Das ist doch vollkommener Unsinn! Nabatäische Suchtrupps werden das ganze Gebiet nach euch und nach mir absuchen!«

Absalom ging nicht darauf ein, sondern fixierte den römischen Offizier mit zusammengekniffenen Augen, was diesen mehr und mehr verunsicherte. Dann sagte er leise, aber drohend: »Ich an deiner Stelle würde mir gut überlegen, wie ich mich entscheide. Ich mache dir jetzt einen Vorschlag . . .« Und entschieden fügte er hinzu: »Ich mache ihn nur einmal.«

Daniel und die Übrigen sahen, wie es im Gesicht des Tribuns arbeitete. Die Entscheidung, auf einen wie auch immer gearteten Vorschlag Absaloms einzugehen, konnte ihm nicht leicht fallen. Immerhin waren Absalom und Ionathan jüdische Truppenführer, die aus der Festung Massada geflohen waren. Und er, der Tribun und Stabsoffizier Clodius Marcellinus, Abkömmling alten römischen Adels, er hatte es für notwendig befunden, sich selbst um die Rückführung dieser gefährlichen Feinde ins Lager zu kümmern. Ganz zu schweigen von ihrer ebenfalls jüdischen Begleitung, darunter der jüngere Bruder Absaloms, der vorgegeben hatte, lediglich als Händler unterwegs zu sein. Und dann war da noch die Sache mit dem verschwundenen Tempelschatz. Daniel sah seinen Bruder mit höchster Konzentration an: Vergiss es nicht! Er ist ein Halunke!

Endlich hatte Clodius sich zu einem Entschluss durchgerungen und erklärte: »Stell deine Bedingungen!«

Und Absalom: »Du wirst mit uns zusammen nach Massada zurückkehren. Du wirst dafür sorgen, dass wir von jeder – ich betone: von jeder! – Strafverfolgung ausgeschlossen werden! Wir können gehen, wohin wir wollen. Es dürfte dir nicht schwer fallen, dies zu erreichen. Was du deinem Vorgesetzten erzählst, ist deine Sache.«

»Also gut ... Ihr werdet Massada als freie Männer verlassen können. Dies unter der Bedingung, dass ihr mich nach Massada zurückbringt und unmittelbar zuvor freilasst!«

Während Daniel noch durch den Kopf schoss, dass Clodius sie dann ohne weiteres wieder festnehmen lassen konnte, redete Absalom bereits wieder. Und er sprach in einer Weise, wie sie Daniel noch nie von seinem Bruder gehört hatte.

»Clodius Marcellinus!«, begann er. »Du wirst nun einen heiligen Eid schwören, vor dem Angesicht der höchsten römischen Gottheit, nämlich des Iupiter Optimus Maximus, dem ›Besten und Größten‹ all eurer Götter!«

»Bist du verrückt?!«, stieß Clodius zornig hervor. Daniel verstand sehr wohl, was in dem stolzen römischen Aristokraten vorging: Ein Schwur wurde immer nur unter Anrufung des Iupiter geleistet. Wer einen solchen Eid brach oder einen Meineid schwor, den verfolgte die Rache der Gottheit bis an sein Ende. Niemals würde Clodius es wagen, einen solchen Eid zu brechen. Absalom schien die Denkweise der Römer bestens zu kennen.

»Du wirst mir nun nachsprechen!«, fuhr Absalom ruhig fort. »Ich, Clodius Marcellinus, Tribun der kaiserlichen Armee . . .«

Leise repetierte Clodius: »Ich, Clodius Marcellinus . . .«

»Lauter!«, zischte Absalom. »Wir wollen es alle hören!«

Also hob Clodius die Stimme: »Ich, Clodius Marcellinus, Tribun der kaiserlichen Armee . . .«

». . . werde nun einen heiligen Eid leisten vor dem Angesicht des Iupiter Optimus Maximus . . .«

Zerknirscht wiederholte Clodius die Worte. Absalom fuhr fort: »Ich schwöre . . .«

»Ich schwöre . . .«

». . . dass die folgenden Leute Massada als freie Männer verlassen können: Daniel und Absalom, Söhne des Nathan ben Mathijahu . . .« Clodius wiederholte die Worte sowie die folgenden Namen: »Ionathan und Ioannes.«

»Ich werde«, fuhr Absalom fort, »mich im Legionslager vor Massada dafür einsetzen, dass die Genannten sich frei entfernen und gehen können, wohin auch immer sie wollen.«

Nachdem der Tribun auch diesen Teil korrekt wiederholt hatte, fügte Absalom hinzu: »Ich werde diesen heiligen Eid nicht brechen, so wahr Iupiter der oberste Herr der Welt ist.«

»Ich bestätige es.«

»In Ordnung. Wir werden jetzt eine Kleinigkeit essen und trinken. Noch Fragen?«

Längst war es Clodius klar geworden, dass er Absalom unterschätzt hatte: Vor ihm saß ein erfahrener Soldat, der im Rang dem Tribunen mindestens ebenbürtig, wenn nicht gar überlegen war. Die Antwort des Tribunen kam prompt: »Keine Fragen!«

XXVI

Der Rückweg nach Massada verlief auf einer anderen Route als der Hinweg. Daniel, Absalom und Ionathan verließen sich vollkommen auf die Erfahrung von Ioannes. Und er machte seine Sache gut. Ohne zu zögern wählte er an Weggabelungen oder Kreuzungen die Abzweigung, die er für die richtige hielt. Das war zwar, wie schon auf der Anreise, ein Umweg, aber es war eben sicherer als die kürzere Strecke.

Mit Clodius Marcellinus gab es keine Probleme. Allerdings achteten alle darauf, Clodius keine Waffe in Reichweite zu bieten. Unterwegs saß er nach wie vor gefesselt auf dem Maultier – seine Hände waren an den Sattelknauf gebunden – und nachts wurde er scharf bewacht. Im Abstand von etwa zwei Stunden wechselten sich die Kameraden mit der Wache ab.

Als sie am Abend des übernächsten Tages am Lagerfeuer standen und aßen, wandte sich Clodius Marcellinus an Absalom und fragte unvermittelt: »Wie viele Männer hattest du unter deinem Kommando ... ich meine, damals, bei Jerusalem?«

Absalom sah ihn mit regungslosem Gesicht an und sagte: »Sechstausend.«

Clodius pfiff leise durch die Zähne: »Das wäre bei uns eine Legion!«

»Genau das!« Absalom ließ ihn stehen.

So erreichten sie nach Tagen endlich das Becken des Toten Meeres, allerdings im nördlichen Bereich des großen Salzsees. Schräg gegenüber erkannte Daniel das Massiv von Massada in der klaren Wüstenluft.

»Schade«, sagte er.

»Was meinst du?«, fragte Ionathan.

»Dass es hier keine Schiffe gibt.«

»Wozu auch?«, sagte Absalom. »Der See hat keine Fische – also auch keine Fischer. Wir müssen eben einen kleinen Umweg machen.«

Das war eine starke Untertreibung, denn für diese Strecke brauchten sie wahrscheinlich zwei volle Tage.

Am Abend des übernächsten Tages näherten sie sich auf der gleichen Straße, die sie bei ihrer ersten Anreise benutzt hatten, von Norden her dem belagerten Berg. Er sah aus wie immer. Oder nicht? Irgendetwas hatte sich verändert. Aber was?

Absalom ließ halten und spähte angestrengt hinüber. Auch die anderen suchten schweigend die Gegend nach Besonderheiten ab, konnten aber keine auffälligen Veränderungen feststellen.

Es war Clodius Marcellinus, der schließlich sachlich in die Stille erklärte: »Die Festung ist gefallen.«

Absalom fuhr herum und starrte ihn an. »Was macht dich so sicher?«

Clodius lächelte kühl. »Das Lager, in dem du für kurze Zeit zum Verhör warst ... Kannst du es erkennen?« Er wies in die Richtung.

Absalom ließ seinen Blick über das Gelände schweifen, schüttelte den Kopf und sagte: »Wenn es das ist, was ich meine: Nein, es ist ... es ist nicht mehr vorhanden!«

»Genau das meine ich! Die dort stationierte Einheit ist bereits abgezogen worden.«

»Abgezogen?«

»Sicher«, erwiderte Clodius betont gleichmütig. »Die Truppe wird hier nicht mehr gebraucht. Die Festung ist gefallen. Der Krieg ist zu Ende. Sogar die Händler sind verschwunden. Wir waren zehn Tage nicht hier!« Plötzlich veränderte sich seine Stimme: »Nur eins verstehe ich nicht . . .«

»Was?«, fragte Absalom scharf.

»Eigentlich müssten sie das Gefangenenlager erheblich vergrößert haben! Aber da hat sich nichts verändert – oder erkennst du Anzeichen dafür?«

Absalom sah angestrengt hinüber. »Nein.«

»Seltsam . . .« Es entging Clodius nicht, dass Absalom blass geworden war.

Sie ritten weiter. Erreichten nach eine guten Viertelstunde das große Lager, in dessen unmittelbarer Nähe Absalom und Ionathan nach ihrer Flucht aus der Festung aufgegriffen worden waren. Römische Soldaten waren damit beschäftigt, die Palisaden niederzureißen und die noch brauchbaren Hölzer auf Wagen zu laden. Die Zelte standen noch in der alten Ordnung.

Im Vertrauen darauf, dass der Tribun seinen Schwur halten würde, hatte Absalom ihm in Sichtweite Massadas die Fesseln abnehmen lassen. Er blickte seinen Gefangenen durchdringend an und dieser sagte ernst: »Ich werde meinen Schwur halten.«

Und Absalom: »Ich habe nichts anderes erwartet. Du bist kaiserlicher Tribun!«

»Genau das!« Clodius versuchte ein Lächeln, doch es wurde schief.

Die Posten grüßten zackig, als sie ins Lager ritten, denn sie hatten Clodius Marcellinus erkannt.

Der Tribun erkundigte sich in scharfem Ton, ob der Oberbefehlshaber Flavius Silva im Lager sei, was die Soldaten bejahten.

»Wo finden wir ihn?«, fragte Clodius.

»In der Praefectura. Aber . . .«

»Was aber?«

»Er hat Besuch.«

»Wer ist es?«

»Irgendein hohes Tier – Verzeihung! Ich meine . . . es handelt sich um einen Tribun des syrischen Statthalters.«

»Aha. Wer?«

»Das weiß ich nicht, Tribun. Ich kenne diesen Offizier nicht.«

»Ein Tribun, gut. Sonst noch jemand?«

»Jawohl!«

»Wer?«

»Ein Nabatäer.«

»Ein Nabatäer?« Clodius stutzte. »Wer denn?«

»Das weiß ich nicht, Tribun. Wahrscheinlich ein Gesandter des nabatäischen Königs.«

Es entging Daniel nicht, dass Clodius leicht zusammenfuhr. Doch er sagte: »In Ordnung.«

Daniel sagte leise zu Absalom, der neben ihm ritt: »Das gefällt mir nicht! Da ist etwas faul!«

Auch die anderen hatten plötzlich das Gefühl einer drohenden Gefahr im Magen. Oder bildeten sie sich das nur ein? Weil sie von den körperlichen und seelischen Strapazen der letzten Tage so erschöpft waren, dass sie

240

nicht mehr zwischen Realität und Einbildung unterscheiden konnten?

Daniel warf seinem Bruder einen besorgten Blick zu und sagte: »Was ist, wenn es sich bei dem Nabatäer um Erotimos handelt . . .?«

Absalom beugte sich zu Daniel und antwortete leise auf Hebräisch: »Kein Grund zur Aufregung. Es gibt für alles eine Lösung.«

Sie folgten Clodius Marcellinus ins Lager. Der Tribun wandte sich an einige Legionäre und befahl ihnen die Maultiere zu versorgen. Dann zogen sie weiter, zum zentralen Platz des Lagers. Dort stand das *praetorium*, das Feldherrnzelt. Unmittelbar davor ein Altar und seitlich versetzt eine hölzerne Rednertribüne. Von hier aus pflegte der Feldherr vor wichtigen Aktionen zu seinen Soldaten zu reden.

Clodius führte sie in das Vorzelt des Praetoriums.

»Hier warten!«, raunzte ein Legionär die Zivilisten an und verschwand im Hauptzelt. Seltsamerweise blieb Clodius Marcellinus bei ihnen. Der Posten machte drinnen eine Meldung, doch sie war draußen nicht zu verstehen. Schon nach wenigen Augenblicken kam er zurück und befahl: »Ihr könnt eintreten!«

Sie wurden in den großen Raum geführt, in dem sonst die Stabsbesprechungen des Legaten mit seinen Tribunen, Praefekten und Centurionen stattfanden. Auch hier war schon ein Teil der Regale, Tische und Sitzgelegenheiten weggeräumt worden. Silva saß hinter seinem Schreibtisch, auf dem Stapel von Akten lagen. Davor

241

standen zwei Männer: ein römischer Offizier und ein Nabatäer. Beide drehten sich um, als die Neuankömmlinge den Raum betraten. Da der Römer im dunklen Hintergrund des Zeltes stand, konnte man sein Gesicht nicht erkennen.

Der Legat schaute mit grimmiger Neugier auf die Ankömmlinge. Clodius Marcellinus nahm Haltung an und machte korrekt seine Meldung: »Der Tribun Clodius Marcellinus mit zwei jüdischen Offizieren und einem Händler samt Begleitung aus Caesarea zurück!«

Doch dann stutzte er, wies auf den Fremden und rief: »Ein Nabatäer? Was will er hier?« Er ließ seinen Blick zwischen dem Legaten und dem Nabatäer hin- und herwandern.

Es war nicht Erotimos.

Der Nabatäer ließ seinen Blick abschätzig von Daniel zu Absalom, zu Ionathan und Ioannes wandern. Auch sie fragten sich das Gleiche: ein Gesandter der nabatäischen Königin? Und wenn: Was wollte er hier?

Flavius Silva wandte sich an den Nabatäer: »Du kannst jetzt gehen. Du wirst von mir hören. Morgen. Bleib so lange im Lager!«

Der Nabatäer verbeugte sich und verließ das Zelt. Nun musste sich zeigen, ob er hier erschienen war, um Daniel, Absalom, Ionathan und Ioannes vor dem Oberbefehlshaber anzuklagen oder ob es nur um Fragen des römisch-nabatäischen Verhältnisses nach Abschluss der Kampfhandlungen ging.

Flavius Silva lehnte sich hinter seinem Tisch zurück,

legte die Unterarme auf die Lehnen des Stuhls und erklärte, zu Clodius Marcellinus gewandt: »Dieser Mann aus Petra hat soeben behauptet, diese vier Hebräer seien unter der Führung eines gewissen Daniel ben Nathan heimlich und in böser Absicht in nabatäisches Gebiet eingedrungen. Nur der Wachsamkeit misstrauischer Grenzposten sei es zu verdanken, dass man ihrer habhaft geworden sei und sie in Petra habe festsetzen können. Doch sie hätten sich befreit. Mehr noch, es sei ihnen gelungen, einen römischen Offizier in seine Gewalt zu bekommen. Dabei wurde der Name eines gewissen Tribunen genannt: Clodius Marcellinus!«

Clodius setzte ein breites Grinsen auf, dann begann er künstlich laut zu lachen, immer lauter, so dass der Feldherr ihn mit einer Mischung aus Misstrauen und Verwunderung anschaute. Endlich konnte Clodius antworten: »Verzeih, Legat! Aber das ist zu stark! Dem genannten Daniel ben Nathan und seinen Kameraden verdanke ich, dass mir die Flucht aus Petra gelang. Wie sie es angestellt haben, mich frei zu bekommen, weiß ich nicht. Das spielt jetzt auch keine Rolle. Jedenfalls entbehrt die Anschuldigung des Nabatäers jeglicher Grundlage.«

Daniel und Absalom wechselten einen Blick: Bis jetzt hielt Clodius sich an seinen Schwur. Aber die Sache war noch nicht abgeschlossen.

»Gut, gut«, sagte Flavius Silva schnell. »Darüber werden wir mit diesem Daniel ben ... wie hieß er noch?«

»Daniel ben Nathan, Legat!«, sagte Daniel. Und es klang stolz.

»Also, du wirst zur Sache noch deine Aussage machen. Und wehe dir und deinen Freunden, wenn ihr dabei nicht die Wahrheit . . .«

Weiter kam er nicht, denn aus dem Dunkel des Hinterzelts trat der Tribun, den der Wachposten als Abgesandten des syrischen Statthalters bezeichnet hatte, nach vorne ins Helle und nahm die jüdische Gruppe in Augenschein. Als er Daniel anschaute, glitt ein feines Lächeln über sein Gesicht. Nur kurz, aber es entging Daniel nicht. Vor ihm stand Asinius Gallus, mit dem er in Caesarea das hochinteressante Gespräch über den Zwiespalt von Menschen jüdischer Herkunft in römischem Dienst geführt hatte. Daniel selbst verzog keine Miene.

Der Legat wandte sich an Clodius Marcellinus: »Das ist Asinius Gallus. Stellvertreter des syrischen Statthalters! Seit kurzem auf diesem Posten. Kennt ihr euch?«

»Nein«, sagte Clodius.

Asinius wandte sich an Flavius Silva: »Mit deiner Erlaubnis, Legat, würde ich gern einige Fragen stellen.«

Silva hob die Hand: »Bitte, Asinius!« Dann lehnte er sich zurück, erleichtert, dass er selbst die Untersuchung nicht weiter zu führen hatte.

Asinius machte es kurz. Er sah erst den Legaten, dann den Offizierskameraden Clodius Marcellinus an. Auf deren Gesichtern spiegelte sich der Respekt, den sie dem Vertreter des Statthalters schuldig waren. Asinius wies auf Daniel und sagte mit einer Bestimmtheit, die keinen Widerspruch duldete: »Dieser junge Mann steht unter meinem persönlichen Schutz!«

Daniel glaubte nicht recht gehört zu haben, ihm schoss das Blut in den Kopf. Auch Absalom, Ionathan und Ioannes waren so überrascht, dass sie für einen Augenblick das Atmen vergaßen.

Der Legat, ebenso verwirrt von dieser Wendung, erlaubte sich die Frage: »Gibt es dafür Gründe, Tribun?«

Und Asinius: »Allerdings. Daniel ben Nathan hat schon zweimal erheblichen Anteil an der Aufdeckung von Verbrechen gehabt, die von korrupten Angehörigen der Armee wie der Verwaltung in Iudaea und in Rom verübt worden sind. Beide Fälle wurden vor römischen Gerichten behandelt und zum Abschluss gebracht. Im zweiten Fall war der Kaiser selbst anwesend.«

Die Wirkung dieser Erklärung zeigte sich darin, dass weder der Legat noch Clodius Marcellinus eine Gegenfrage wagten.

»Außerdem«, fuhr Asinius fort, »möchte ich erwähnen, dass Daniel ben Nathan und sein Bruder Absalom Neffen von Flavius Iosephus sind, und Iosephus zählt zum engsten Kreis um unsern Kaiser.«

Da immer noch keine Gegenfrage gestellt wurde, fuhr er fort: »In Anbetracht der Schwere der Vorwürfe, die der nabatäische Gesandte hier vorgebracht hat, und weil dabei auch das zukünftige Verhältnis zwischen Rom und Petra auf dem Spiel steht, geht diese Angelegenheit in die Zuständigkeit des syrischen Statthalters über. Ihr

habt in der Sache weder weitere Untersuchungen anzu-
stellen noch euch damit sonst zu befassen. Ab sofort
gilt: Der Dienstweg ist einzuhalten.«

Ein Blick zu Flavius Silva zeigte Daniel, dass auch der
Legat mit diesem Ergebnis sehr zufrieden war. Wurde er
doch weiterer Nachforschungen von seiner Seite ent-
hoben.

Im Übrigen registrierte Daniel die Nervenstärke von
Clodius Marcellinus. ›Wer diesen Römer zum Feind hat‹,
dachte er, ›muss jederzeit mit allem, auch dem Schlimmsten, rechnen!‹ Und was den Legaten betraf, war er zu-
nehmend im Zweifel, ob dieser die Version der Vorgänge,
wie sie Clodius skizziert hatte, für bare Münze nahm.
Selbst wenn er dies nicht tat, musste er unter den gegebenen Umständen unbedingt den Schein wahren. Die seltsame, ja fragwürdige Affäre seines Tribunen Clodius
Marcellinus durfte keinen Schatten auf den kaiserlichen
Legaten Flavius Silva, den Sieger von Massada, werfen.

Flavius Silva erhob sich, kam um den Tisch herum
und trat vor die vier »Hebräer«. Aus müden Augen
schaute er von Absalom zu Daniel, Ionathan und Ioannes und schloss: »Selbstverständlich könnt ihr euch frei
bewegen und, wann immer ihr wollt, eure Heimreise
nach Caesarea antreten. Clodius Marcellinus!«

»Legat!«

»Du wirst ihnen für die Nacht ein gutes Quartier besorgen.«

»Jawohl!«

»Wir sprechen uns noch . . .«

»Jawohl!« Der Tribun stand stramm wie ein Legionär. Es war ihm durchaus nicht wohl in seiner Haut. Doch dann wandte er sich an die »Hebräer«: »Folgen!«

Da meldete sich Asinius Gallus zu Wort: »Ich habe noch etwas zu erledigen, Legat. Wir setzen unser Gespräch ja ohnehin morgen fort, um die Einzelheiten der Umquartierung deiner Truppen festzulegen. Ich bitte dich die Vorgaben des Statthalters . . .« – er wies auf die Schriftrollen auf dem Tisch – »genau zu studieren.«

Flavius Silva nickte. Man sah, dass er ein Gähnen nur mit Mühe unterdrücken konnte.

Zusammen mit beiden Tribunen verließen die Brüder, Ionathan und Ioannes das Zelt.

XXVII

Draußen blieb Asinius stehen, reichte Daniel die Hand und sagte: »Ich denke, wir sehen uns in Caesarea.«

Daniel nickte und sagte nur: »Danke, Tribun!«

Und Asinius: »Ich war es meiner Mutter schuldig. Euch allen gute Heimkehr!«

Absalom blickte fragend zu Daniel, doch der sagte nur kurz: »Später . . .«

Darauf wurde ihnen ein Zelt zugewiesen und sie erhielten ein gutes Essen. Plötzlich war Iskander da und wusste sich vor Freude kaum zu lassen.

»Beim Hercules! Tolle Sache das!«, rief er und rieb seine Hände.

»Was meinst du?«, fragte Daniel kritisch.

»Na, habe da so was läuten gehört.«

»Von wem?«

»Wie? Na, von einem der Begleiter des nabatäischen Gesandten. Ist ja nicht zu fassen! Kommen da einfach aus der Höhle des Löwen zurück!« Wobei er offen ließ, ob er damit Petra oder das Zelt des Legaten meinte.

Absalom, dem der Sinn nicht danach stand, von diesem römischen Raubein ausgefragt zu werden, entschuldigte sich. Er wolle noch einen Rundgang außerhalb des Lagers machen.

Als er Stunden später zurückkam, war sein Gesicht fahl und noch ernster als sonst. Iskander, der spürte, dass der Bruder von Daniel mit diesem allein sein wollte, verabschiedete sich hastig: »Ich breche morgen früh auf. Wenn ihr wollt, könnt ihr mitkommen. Ich habe noch zwei Maultiere frei . . . und den Wagen.«

»In Ordnung«, sagte Daniel. »Dann bis morgen. Wann brichst du auf?«

»Bei Sonnenaufgang.«

Daniel begleitete ihn nach draußen. Als er zurückkam, fragte er Absalom besorgt: »Ist dir nicht gut? Du siehst aus wie jemand, der . . . der den Tod gesehen hat!«

»Genauso ist mir, Daniel. Es ist also geschehen . . .«

»Sie haben . . .«, stammelte Daniel. »Sie haben es also wahr gemacht?«

»Ja. Und es ist so furchtbar, dass es alles an grauenhafter Unmenschlichkeit übertrifft, wovon man bisher im Zusammenhang mit Kriegshandlungen zu berichten wusste . . .«

»Woher weißt du es?«

»Ich habe mit Soldaten gesprochen, die bei der Eroberung der Festung dabei waren . . .« Es fiel ihm schwer, seine Stimme zu kontrollieren.

»Und . . .?« Daniel suchte nach Worten.

»Ich werde der Reihe nach berichten«, begann Absalom wie zu sich selbst. »Es gab nur eine einzige Stelle, an der es den Römern möglich war, Kriegsmaschinen gegen die Mauer der Festung in Stellung zu bringen: auf dem so genannten ›Weißen Felsen‹.«

Daniel nickte.

»Wenige Tage nach unserer Flucht war es offenbar so weit. Alle Versuche, die Arbeiten von oben zu stören oder zu verhindern, waren fehlgeschlagen. Die Soldaten sagen, es sei ihnen sogar geglückt, die Plattform bis auf achtzig Fuß zu verbreitern. Sie wurde mit gewaltigen Felsbrocken befestigt.«

Absalom stockte. Er atmete tief durch, bevor er weitersprechen konnte.

»Die Römer befanden sich nun mit unseren Leuten auf gleicher Höhe und konnten sie mit den Wurfgeschossen ihrer Schleudergeschütze bombardieren. Die Eingeschlossenen versuchten zwar immer wieder diese Arbeiten zu stören oder zu verhindern, doch ihre Waffen vermochten die Angreifer nicht aufzuhalten.«

Absaloms Stimme wurde noch leiser. Nur mit Mühe

brachte er seinen Bericht zu Ende: »Als die Römer auf der Höhe der Plattform ankamen, schützten sie sich mit ihren Schilden und mit Schutzdächern gegen den Beschuss von oben.

Als dann der mit Eisen und nassen Fellen geschützte Turm vor der Mauer in Position stand, zeigte sich sofort die Wirkung: Die Verteidiger erkannten ihre Unterlegenheit und Ohnmacht. Sie zogen sich zurück und zeigten sich nicht mehr auf der Mauer.«

Atemlos folgte Daniel dem Bericht des Bruders. Er wagte nicht, ihn mit Fragen zu unterbrechen.

»Da unseren Leuten keine schweren Waffen zur Verfügung standen«, fuhr Absalom fort, »begannen sie mit Steinen zu werfen, wuchteten mit vereinten Kräften große Felsbrocken auf und über die Kante der Mauer, ließen sie hinunterstürzen und mussten doch einsehen, dass dies keinen Erfolg brachte. Die Römer konnten die Richtung der Brocken voraussehen und wichen ihnen aus, so dass sie keinen Schaden anrichteten.«

Absalom schüttelte verzweifelt den Kopf. Erst nach einer Weile konnte er fortfahren: »Unsere Leute wussten, dass der Furcht erregende Widder bald zum Einsatz kommen würde. In einem letzten Aufbäumen bereiteten sie einen Gegenschlag vor. Und er war so intelligent geplant und durchgeführt, dass die Legionäre wohl für einen kurzen Augenblick aus der Fassung gebracht wurden.

An der Stelle, wo der Widder vermutlich eine Bresche in die Mauer schlagen würde, errichteten sie eine Mauer aus Erde. Sie wurde von parallel verlaufenden Pfahlreihen, die über Kreuz verstärkt waren, zusammengehalten. Je mehr Erde unter den wuchtigen Stößen des Widders zusammengedrückt wurde, umso stärker wurde die Mauer.

Aber Flavius Silva reagierte auf der Stelle und ließ die hölzerne Befestigung mit Brandfackeln beschießen. Schon nach den ersten Versuchen fing sie Feuer. Doch der Wind spielte nicht mit: Für eine kurze Zeit bedrohte der Nordwind die Römer selbst, denn er trieb die immer mächtiger züngelnden Flammen auf sie zu. Doch dann drehte er. Das Feuer wandte sich gegen die Verteidiger und sie mussten sich vor der Hitze zurückziehen. Damit waren die Würfel gefallen. Binnen kurzem wurde die Mauer durchbrochen und die ersten Legionäre drangen in die Festung ein . . .«

Nach einer weiteren Pause fuhr Absalom fort: »Das, was der Soldat mir dann erzählte, weiß man nur aus den Aussagen von zwei Frauen, einer Alten und einer zweiten mittleren Alters. Sie hatten fünf Kinder dabei, als man sie fand.

Nach ihrer Aussage hat sich dies abgespielt: Ausgesuchte Männer hatten den Beschluss des Eleazar und seines Anhangs in die Tat umzusetzen. Sie umarmten liebevoll ihre Frauen, herzten und küssten ein letztes Mal ihre kleinen Kinder. Dann setzten sie ihren Entschluss ins Werk, als wären es nicht die eigenen Hände, die töteten, sondern fremde. Trost dafür, dass sie zum Morden gezwungen wurden, fanden sie in dem Gedanken an die Demütigungen und Misshandlungen, die ihre Angehörigen erleiden müssten, wenn sie in die Hände des Feindes gefallen wären.

Keiner erwies sich als zu schwach für das grausige Werk, alle wollten sie die schaurige Aufgabe an ihren Nächsten erfüllen. Unfähig, den Schmerz über ihre Tat zu ertragen, hatten sie zugleich das Gefühl, ein Unrecht an den Toten zu begehen, wenn sie diese auch nur kurze Zeit überlebten. Alles Wertvolle schleppten sie auf einen Haufen zusammen, steckten es in Brand und wählten anschließend zehn ihrer Genossen aus, die alle Übrigen töten sollten.

Das kaum Vorstellbare geschah: Hingestreckt an der Seite von Gattin und Kindern, bot jedes Opfer bereitwillig dem zum Töten Beauftragten seine Kehle dar.

Nachdem die zehn alle getötet hatten, trafen sie durch das Los die gleiche Entscheidung für sich selbst. Der, auf den das Los fiel, sollte die anderen neun und zum Schluss sich selbst umbringen. So unterzogen sich die neun dem Tod durchs Schwert. Der letzte Überlebende prüfte die Daliegenden, ob nicht etwa einer noch am Leben war. Als er sie alle tot fand, legte er Feuer an den Palast und die Nebengebäude. Dann durchbohrte er sich selbst und sank tot neben seiner Familie nieder. So starben sie in der Überzeugung, keine Seele übrig gelassen zu haben, die in die Gewalt der Römer geraten könnte.«

Absalom schwieg. Er brachte kein Wort mehr hervor. Daniel war erschüttert. Sein Gesicht war aschfahl geworden. Absalom presste die Lippen aufeinander. Nes-

telte völlig aufgelöst an seinen Händen, ohne dass er es
bemerkte. Endlich fand er die Sprache wieder: »Das war
der Untergang von Massada.«

Nach einer längeren Pause fragte Daniel: »Wie konnten die Frauen mit den Kindern dem Gemetzel entge-
hen?«

»Sie haben sich versteckt.«

»Wo?«

»In der unterirdischen Wasserleitung. Dort wurden
sie von römischen Soldaten gefunden.«

Daniel schwieg.

Absalom vergrub sein Gesicht in den Händen und
murmelte: »Dieses schreckliche Ereignis wird sich in
den Köpfen aller Juden festbrennen. Für alle Zeiten.
Noch in Jahrhunderten wird man davon berichten . . .«

XXVIII

Vier Tage später, gegen Mittag, hielten im Innenhof vor
dem Kontor der Handelsniederlassung des Marcus Acilius Rufus ein Wagen und mehrere Reiter. Einige müde
Gestalten ließen sich von ihren Maultieren gleiten. Daniel schaute sich sogleich prüfend um, ob alles seine
Ordnung hatte. Das war nicht nur der Fall, sondern er
hatte den Eindruck, dass Pilesar allein in den vergangenen vierzehn Tagen das Gesinde noch strenger kontrol-

liert hatte als er selbst. Der gesamte Hof sah aus, als ob er täglich gekehrt würde. Alle Außentüren, auch die zur Werkstatt und zu den Ställen, waren neu gestrichen worden. Der Geruch frischen Leinöls lag noch in der Luft.

Iskander, der darauf bestanden hatte mitzukommen, tönte: »Beim Hercules! Alles so sauber wie eben errichtet! Tolle Sache das!«

Daniel wollte dem Bruder, der neben ihm in den Hof ritt, gerade die Anlage und ihre verschiedenen Teile erklären, als aus der großen Lagerhalle gegenüber zwei Gestalten traten: Philon und Theokritos. Sie waren so sehr mit sich und ihrem Gesprächsthema befasst, dass sie die Ankunft des Herrn überhaupt nicht bemerkten.

Da öffnete sich die Stalltür und Cingetorix kam heraus. Er musste die Rückkehrer durch eines der Fenster gesehen haben. Freudig strahlend näherte er sich der Gruppe und machte nach allen Seiten eine leichte Verbeugung.

»Wie schön, dass ihr wieder da seid!«, rief er. »Wir hatten schon gedacht...« Er zögerte kurz, bevor er fortfuhr: »Wir haben etwas von großen Schwierigkeiten gehört. Man erzählte, ihr seid zum Tode verurteilt worden.«

»Gerüchte, wie du siehst!«, sagte Daniel knapp. »Wo ist Pilesar?«

»Im Hafenlager. Morgen geht ein Segler mit Gewürzen und Weihrauch nach Ostia ab. Die Winde stehen nämlich gut, Herr! Pilesar geht noch einmal alle Listen

254

durch. Die Jungs im Hafen haben ganz schön Schiss vor ihm! Oh, Verzeihung! Ich meine natürlich, sie ...«

»Schon gut, Cingetorix. Wir haben verstanden.« Daniel musste lächeln.

Der Eifer des Briten war nicht zu bremsen: »Er, ich meine Pilesar, er muss gleich zurück sein. Er müsste eigentlich schon ...«

»Fein.«

»Und hier ist alles in Ordnung, Herr.«

»Sehr gut.«

»Keine besonderen ...!«

»Was?«

»Keine besonderen Vorkommnisse, wie man bei den Soldaten sagt.«

»Hervorragend! Du kannst die Tiere von ihren Gepäckstücken befreien und alles ins Haus bringen lassen. Aber vorher die Tiere versorgen.«

»Wird gemacht, Herr! Wird sofort ...!«

Der Brite freute sich über die Rückkehr des Chefs so sehr, dass er sich sogleich mit jugendlichem Schwung an die Erledigung der Aufträge machte. Zwei der unlängst erworbenen neuen Sklaven halfen ihm. Staunend beobachtete Absalom, welchen Respekt man seinem jüngeren Bruder entgegenbrachte und welche Autorität er offenbar besaß.

Endlich hatten auch Philon und Theokritos die Ankömmlinge bemerkt und kamen im Eilschritt näher. Es war Philon, der sogleich lauthals begann: »Welch ein Tag! Welch ein herrlicher ... nicht wahr! Die Götter hatten ein Einsehen! Ich wähnte euch längst im Reich der Schatten, Herr!«

»Wie du siehst, leben wir«, stellte Daniel klar.

»Das mag sein«, fuhr Philon fort, »aber wir wussten es nicht!«

Iskander wurde plötzlich sehr ernst, er wechselte den Ton, näherte sich Daniels Ohr und sagte mit gedämpfter Stimme: »Ich, äh . . . ich hätte da gern etwas Wichtiges mit dir besprochen.«

»Muss das denn jetzt sein?«, gab Daniel zurück. »Du siehst doch, dass wir gerade erst . . .«

»Sicher. Aber die Sache duldet leider keinen Aufschub.«

»Dann schieß los!«

»Es ist nämlich so: Ich muss in einer Erbschaftssache eine ganze Reihe von Briefen nach Italien . . . Du verstehst?«

»Sicher. Und?«

»Die müssen aber nicht nur absolut fehlerfrei und in der besten nur denkbaren Schrift geschrieben sein, sondern vor einem bestimmten Termin in Rom eintreffen. Du verstehst?«

Daniel dämmerte allmählich, worauf das hinauslief.

»Weiter!«, rief er ungeduldig.

»Nun, da habe ich also gedacht . . .«

». . . dass unsere beiden da – Philon und Theokritos – dir dabei behilflich sein könnten.«

»Genau das! Selbstverständlich werde ich dir ihre Abwesenheit . . . ich meine: Ich werde dir die Schreibarbeit, die sie für mich verrichten, in angemessener Weise vergüten. Du verstehst?«

»Ich verstehe.«

»Es wird nicht dein Schaden sein!«

»Natürlich nicht.«

»Ganz im Gegenteil!«

»Das hoffe ich. Wann brauchst du sie?«

Iskander rieb sich erwartungsvoll die Hände: »Ginge es vielleicht schon heute?«

»Warum nicht . . .« Man würde die Schreiber heute nicht benötigen.

Im Nu war Iskander wieder der Alte und rief: »Tolle Sache das! – He!« Das ging an die Schreiber. »Ihr habt gehört, was euer Herr soeben sagte?«

Prompt fuhr Philons Hand ans Ohr und die lange nicht gehörte Frage ging an den Kollegen: »Was hat er gesagt?«

»Wer?«

»Der Herr!«

»Er sagte: ›Warum nicht?‹.«

»Wieso denn das? Wer hat ihn denn gefragt?«

»Iskander.«

»Aha. Und was hat er gefragt?«

»Ob es schon heute geht.«

»Was? Was geht schon heute?«

»Das Schreiben.«

»Welches Schreiben?«

»Wegen der Erbschaft.«

»So? Hat der Herr denn was geerbt?«

»Nein, natürlich nicht.«

»Schade. Aber dann ist doch da auch nichts zu schreiben, nicht wahr.«

»Doch! Ein anderer hat was geerbt.«

»Wer?«

»Iskander.«

»So? Davon hat er eben aber nichts gesagt, nicht wahr. Er sprach nur von Briefen, nicht von Erbschaften, nein.«

»Aber jetzt sprach er von einer Erbschaft.«

»Aha. Und was hat der Herr gesagt?«

»Er sagte: ›Warum nicht?‹ Ich hab's deutlich gehört.«

»Aber er erbt doch nichts.«

Da presste Theokritos die Lippen aufeinander, blickte wie Hilfe suchend zum Himmel und rief: »Das spielt doch dabei überhaupt keine Rolle!«

»Wie? Wenn du schreist, bist du immer im Unrecht, nicht wahr, immer! Wie sagte schon der Dichter: ›*Iracundiam qui vincit, hostem superat maximum – Wer den Jähzorn überwindet, der besiegt den ärgsten Feind!*‹ Sehr wahr, nicht wahr. Halte dich daran! Immer!«

Längst machte sich auf den Gesichtern der Umstehenden ein immer breiteres Grinsen breit, bis sich Daniel einen Ruck gab und scharf rief: »Es reicht! Ihr begleitet jetzt den ehrenwerten Iskander nach Hause! Und nehmt euer Schreibzeug mit!«

Philon bewegte die Lippen und murmelte kaum hörbar: »Wenn man in diesem Hauses nichts mehr sagen darf, sollte man gehen! Weit weg! Am besten nach

Rom! Da bekommt man noch Antworten ... Hier nicht ...«

Iskander verabschiedete sich gut gelaunt mit dem üblichen »Tolle Sache das!« und machte sich mit den ausgeliehenen Schreibern auf den Weg zu seinem Gasthof.

Daniel seufzte. Dann sah er, wie ihn Absalom erstaunt anblickte. »Die spinnen!«, sagte er knapp. Absalom würde schon selbst dahinter kommen, was es mit den beiden auf sich hatte, wenn er sie erst näher kennen gelernt hatte. Dann ging er mit Absalom in die Kleiderkammer und suchte eine Tunika, einen Lendenschurz und Sandalen aus, die dem Bruder passen könnten.

»Das ist nur für heute«, erklärte er. »Morgen werden wir dich neu einkleiden.«

Erstaunt fragte Absalom: »Soll ich etwa römische Sachen anziehen?«

»Verstehe. Entschuldige!« Daniel dachte nach. »Aber gegen eine griechische Gewandung hättest du nichts einzuwenden?«

»Nein, überhaupt nicht.«

Es fand sich ein hellblauer Chiton aus Seide, der am oberen und unteren Saum mit einem prächtigen Mäander bestickt war. Das Gewand war einer römischen Tunika sehr ähnlich, freilich etwas kürzer und durch die Stickereien mit Silberfäden festlicher. Dazu gehörte ein dunkler schmaler Ledergürtel. Der Chiton war Daniel zu groß, darum trug er ihn nicht. Absalom saß er, als ob er für ihn gemacht sei. Er legte ihn sich über den Arm und sagte: »In Ordnung. Aber erst das Bad!«

In diesem Augenblick wurde die Tür aufgerissen und Pilesar stürmte herein.

»Dem Herrn sei Dank!«, rief er, ging mit ausgebreiteten Armen auf Daniel zu und umarmte ihn.

Daniel wollte sofort wissen: »Gab es Schwierigkeiten? Ich meine, nachdem wir weg waren . . .«

»Sicher. Das Übliche: eine große Untersuchung, die natürlich nichts an den Tag brachte.«

»Sie hegten also nicht den Verdacht, dass ich etwas mit der Flucht Absaloms und Ionathans zu tun haben könnte?«

»Anscheinend nicht. Und wie war es mit euch? Gab es Schwierigkeiten?«

»Ja, das kann man so sagen, nicht wahr, Bruder?«

»Ja«, war dessen Antwort. Kürzer konnte man es nicht bestätigen.

Also ergänzte Daniel: »Wir werden es dir heute Abend genau erzählen. Aber jetzt sollten wir ein Bad nehmen.«

Längst hatte sich unter dem gesamten Gesinde herumgesprochen, dass die Herrschaften wieder im Haus seien. Alle waren bemüht, es ihnen so angenehm wie nur möglich zu machen.

Nach dem Abendessen bat Pilesar Daniel um ein Wort unter vier Augen.

»Ist etwas passiert?«, fragte Daniel.

»Ja. Aber etwas höchst Angenehmes.«

»Erzähle!« Daniels Stimme klang erleichtert.

»Es kamen einige Briefe, die ersten, seit die Schifffahrt

wieder begonnen hat. Hier!« Er überreichte Daniel mehrere gesiegelte Rollen.

»Danke! Aber . . . Wie kannst du wissen, dass es sich um angenehme Nachrichten handelt? Du hast sie doch nicht gelesen?!«

»Aber wie käme ich dazu. Die Siegel sind, wie du siehst, intakt.«

»Woher weißt du dann, was darin steht?«

»Vom Kapitän des Schiffes, der die Post mitbrachte.«

»Aha. Und wieso weiß der es?«

»Weil . . .« Pilesar konnte nun ein Schmunzeln nicht unterdrücken. »Verzeih, wenn ich das sage: Du kennst doch unseren Herrn!«

»Sprichst du von Acilius Rufus?«

»Ja.«

»Und?«

»Wie du weißt, gibt Acilius seiner Freude oft lebhaften Ausdruck. Ich könnte auch sagen: Er kann es nicht für sich behalten, wenn angenehme Dinge passieren.«

Nun schmunzelte Daniel und sagte: »Du kennst ihn aber gut!«

»Nun, Acilius hat die Briefe dem Kapitän persönlich ausgehändigt und ihm zugleich das Wichtigste dessen erzählt, was darin steht.«

»Ich verstehe.« Daniel betrachtete lächelnd die Rollen und studierte die Siegel. Sie stammten von Acilius, von seiner Mutter Lea und von Esther. Die Schwester hatte also ein eigenes Siegel!

Er konnte sich kaum bezähmen die Schreiben zu öffnen, doch er musste Pilesar zu Ende reden lassen. Also sagte er: »Was hat er denn dem Kapitän gesagt?«

»Dass deine Schwester mit seinem Sohn Titus vermählt werden wird . . .«

»Ah-ja . . . Aber das ist doch nichts Neues!«

Einen Augenblick lang kam die alte Eifersucht auf Titus in ihm hoch. Dann schalt er sich albern und dumm. Esther war in guten Händen.

»Das ist richtig«, stellte Pilesar fest. »Das Neue ist . . .«

»Was? Nun mach's nicht so spannend, Pilesar!«

»Die Hochzeitsfeierlichkeiten . . .«

»Ja? Weiter!«, drängte Daniel.

»Die Hochzeitsfeierlichkeiten werden hier stattfinden. In Caesarea!«

»Nein!« Daniel war außer sich vor Freude.

»Doch! Titus, Esther, deine Mutter und der Herr selbst werden in Kürze hier eintreffen, um nach dem Rechten zu sehen und die Vorbereitungen zu treffen.«

Das Blut schoss Daniel in den Kopf. Dann würde die ganze Familie beisammen sein! Und Absalom sah Mutter und Schwester nach langen Jahren der Trennung wieder!

»Das ist die schönste Nachricht dieses Jahres!«, rief Daniel.

Ungeduldig zerbrach er das erste Siegel. Es war der Brief von Acilius Rufus. Darin teilte er mit – wie immer in seinem verschnörkelten Stil –, dass die Vermählung seines Sohnes Titus mit Esther in Caesarea stattfinden solle. Man rüste sich nun für die lange Reise und werde wohl noch vor Ende des Monats März eintreffen. Alles Weitere werde man dann gemeinsam besprechen.

Esthers Brief war nur kurz, aber von großer Herzlichkeit. Sie teilte ebenfalls ihre bevorstehende Vermählung mit und schrieb, sie werde viel zu erzählen haben. Sie freue sich wie ein Kind.

Das Schreiben seiner Mutter war länger. Der größte Teil brachte ihre Sorge zum Ausdruck, ob er sich auch richtig ernähre, ob er gut schlafe, dass er sich nicht überarbeite, denn das führe oft zu Krankheiten. Dann schilderte sie den Verlauf der geplanten Hochzeitsfeierlichkeiten, wobei sie mitteilte, dass sie nach jüdischem Ritus vollzogen werden würden. Acilius Rufus und seine Gattin hätten dagegen nichts einzuwenden gehabt.

»Das ist ja nicht zu fassen!«, murmelte Daniel und schüttelte staunend den Kopf.

Es hielt ihn nicht mehr am Ort. Er stürmte aus dem Zimmer, suchte und fand den Bruder und gab ihm freudig strahlend die Briefe.

»Lies sie! Sofort!«

Absalom tat es. Langsam schaute er auf und in die dunklen Augen des jüngeren Bruders. Doch er schwieg.

»Ja, aber . . .«, rief Daniel. »Freust du dich nicht?«

Und Absalom: »Doch, doch . . . Natürlich freue ich mich. Aber . . .«

»Ja?«

»Ich werde lange Zeit brauchen, um mit allem fertig zu werden . . .«

Er nickte langsam und sagte leise: »Weißt du . . . der Einsatz war . . . er war sehr hoch . . . vielleicht zu hoch . . . Weil wir . . . weil wir keine Chance hatten. Doch ich würde es wieder so machen. Der Herr des Himmels, der Erde und all ihrer Völker ist gerecht! Er wird sie irgendwann zur Rechenschaft ziehen . . . Nicht jetzt, nicht in zehn, nicht in hundert Jahren, aber irgendwann. Ich weiß es. Dann wird man sie daran erinnern, dass sie sich an Völkern, die älter sind als sie selbst, nicht ungestraft vergehen durften . . . Verzeih mir, Bruder, aber ich habe sie anders kennen gelernt als du. Ich brauche Zeit, viel Zeit, um damit fertig zu werden.«

»Ja«, sagte Daniel leise und wehmutsvoll. »Ich verstehe dich . . . Ich verstehe dich genau! Und ich weiß mittlerweile: Die Zeit heilt nicht alle Wunden.«

Anhang

Judäa im 1. Jahrhundert n. Chr.

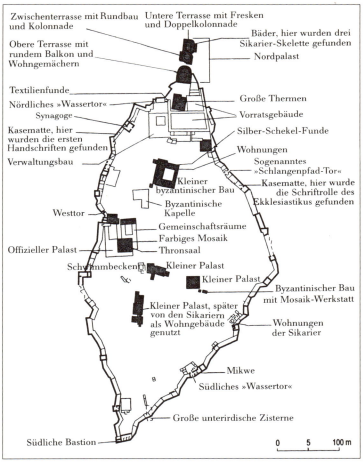

Die Festung Massada

Zeittafel

Daten zur jüdischen und römischen Geschichte:

37–4 v. Chr.	Herodes d. Große
22–9 v. Chr.	Erbauung Caesareas
54–68 n. Chr.	Kaiser Nero

Dreikaiserjahr:

Galba	8. Juni 68–15. Januar 69
Otho	15. Januar–16. April 69
Vitellius	2. Januar–20. Dezember 69

66–70	Jüdischer Krieg
69–79	Kaiser Vespasian (Titus Flavius **Vespasianus**)
79–81	Kaiser Titus (**Titus** Flavius Vespasianus); während seiner Regierungszeit Ausbruch des Vesuvs und Vernichtung von Pompeji und Herculanum
Sept. 70	Einnahme Jerusalems durch Titus
Juni 71	*Triumphus Iudaicus*, Triumphzug in Rom nach dem Sieg im Jüdischen Krieg
März 74	Der römische Legat (General) Lucius Flavius Silva nimmt nach monatelanger Belagerung die jüdische Festung Massada ein.

Daten zur nabatäischen Geschichte:

9 v.–40 n. Chr. König Aretas IV. Unter seiner fast fünfzigjährigen Regierungszeit größte Blüte des Nabatäerreichs. Von insgesamt 26 Prachtgräbern in Petra entfallen 19 auf diese Periode.

40–70 König Malichus II.; Königin: Shaqilat II.

70–106 König Rabel II. Soter (= der Erretter); letzter König der Nabatäer. In den ersten Jahren führt seine Mutter Shaqilat bis zu seiner Mündigkeit die Regentschaft.

106 Kaiser Trajan (98–117) befiehlt die Annexion des Nabatäerreichs und wandelt das Gebiet in die *Provincia Arabia* um.

Römische Maße und Münzen

Längenmaße:
1 Fuß *(pes)* = 29,6 cm
1 Elle *(cubitus)* = 44,4 cm
1 Stadion = 178,6 m
1 Römische Meile *(milia passuum* = 1000 Doppelschritte) = 1,48 km

Münzen:
Die Münznamen sind eigentlich Gewichtsnamen. So hat das römische As ein Gewicht von ursprünglich 327 g, war ein Kupferstück, dessen Wert immer mehr sank – bis auf 27,3 g.

Denar *(denarius):* Die Silbermünze entsprach ursprünglich 10 Bronze-Assen, später im Gewicht von 3,89 g 4 Sesterzen.

Sesterz *(sestertius):* ¼ Denar, 2,5 Asse, kleinste römische Silbermünze.

Aureus: Goldmünze (von *aurum* = Gold) im Wert von 25 Denaren oder 100 Sesterzen.

Die Umrechnung der Münzwerte in moderne Währungen ist sehr kompliziert und ungenau, denn die errechneten Zahlen sagen nichts über die wirkliche Kaufkraft aus. Man muss von Fall zu Fall wissen, was etwa Brot, Eier, Schuhe, Haareschneiden, Zahnziehen usw. kosteten, was für den Bau eines Hauses oder die Erhaltung einer Armee ausgegeben wurde.

Namensverzeichnis

Gaius Asinius Gallus (geb. um 35 n. Chr.): Er entstammt einer nichtadligen Familie, die im 1. Jahrhundert v. Chr. aus der Ebene des Aternus an der Ostküste Mittelitaliens nach Rom zog. Asinius' Urgroßvater, Gaius Asinius Pollio, machte unter Caesar Karriere, wurde 40 v. Chr. Consul, zog sich danach aber aus dem politischen Leben zurück, um seine schöngeistigen Neigungen zu pflegen. Er hielt als Erster in seinem Hause öffentliche Vorlesungen jüngerer Dichter ab, gründete in Rom die erste Bibliothek und besaß eine wertvolle Kunstsammlung. Berühmt war er als Redner, Historiker und Schriftsteller. Seine Historien (17 Bücher über die Bürgerkriege 60–42) wurden von späteren Historikern (z. B. Plutarch, Sueton, Tacitus) als wichtige Quelle benutzt.

Des Asinius Gallus Vater (geb. 6 n. Chr.) war im Jahre 27 oder später Consul. Wegen der Teilnahme an einer Verschwörung gegen Kaiser Claudius wurde er nur mit der Verbannung bestraft, da sein Beitrag unbedeutend war. Danach spielt die Familie in der Politik der Kaiserzeit keine Rolle mehr.

Die Angaben über Gaius Asinius Gallus (Militärtribun) sind erfunden, aber durchaus denkbar. Über sein Leben ist nichts weiter bekannt, außer dass er in den berühmten Briefen von Plinius dem Jüngeren zweimal als Adressat vorkommt.

Flavius Josephus (geb. 37, gest. um 100 n. Chr.): Der aus dem priesterlichen Hochadel Jerusalems stammende *Joseph ben Mathijahu* stand während des *Jüdischen Krieges* (66–70) auf der Seite seiner aufständischen Landsleute gegen Rom. Als Oberbefehlshaber in Iotapata (in Untergaliläa) ergab er sich im Jahre 67 nach siebenundvierzigtägiger Belagerung dem römischen Feldherrn Vespasian und prophezeite ihm den Aufstieg zum Kaiser. Nach der Verwirklichung seiner Prophezeiung (Ausrufung Vespasians zum Kaiser) wurde er freigelassen und nahm den römischen Namen *Flavius Iosephus* an. Vergeblich forderte er die Verteidiger Jerusalems in römischem Namen zur Kapitulation auf. Nach dem Fall der Stadt im August/September 70 folgte er Vespasians Sohn Titus nach Alexandria in Ägypten und von dort nach Rom. Vespasian stellte ihm sein früheres Stadthaus zur Verfügung. Bis zu seinem Tode unter Trajan lebte er, angefeindet von seinen Landsleuten und unter ständiger Lebensgefahr, als kaiserlicher Pensionär und Grundbesitzer in der Hauptstadt des Reiches.

In sieben Büchern beschrieb er zwischen 75 und 79 den *Jüdischen Krieg*, wobei er viele Ereignisse aus eigener Erfahrung schildern konnte. Zwischen 80 und 84 folgten die *Jüdischen Altertümer*. Darin berichtet Josephus von den Schicksalen seines Volkes. Er beginnt bei der Weltschöpfung und endet mit dem Tode Neros. Schließlich verfasste er noch eine *Autobiografie*, in der er sich gegen die Kritik an seinen früheren jüdischen Aktivitäten in Galiläa verteidigt. In seinem letzten Werk

Gegen Apion nimmt er Stellung gegen den aufkommenden Antisemitismus.

Josephus gehört der jüdischen und der griechisch-römischen Welt zugleich an. Seine historischen Bücher fußen vielfach auf wertvollen Quellen, von denen wir ohne ihn keine Kenntnis hätten. Lange Zeit wurde er von neuzeitlichen Historikern als Verräter seines Volkes und Kollaborateur, der mit dem Feind zusammenarbeitet, verachtet. Erst in den letzten Jahrzehnten schickte man sich an, Erklärungen für das Schillernde seiner Persönlichkeit zu finden. Josephus war überzeugt, dass Rom die Welt gemäß dem Willen Gottes beherrschte.

Publilius Syrus: Nach dem Absterben der klassischen Tragödie und Komödie im 1. Jahrhundert v. Chr. beherrschte der *mimos* (lat. *mimus*) die Bühne. Dabei spielte man, im Gegensatz zu den vornehmeren Gattungen, ohne Maske. Nur im Mimus wurden die weiblichen Rollen auch von Frauen dargestellt. Es wurden Szenen aus dem gewöhnlichen Leben, aber auch politische und gesellschaftliche Tagesereignisse mit possenhafter Komik und oft grobem Witz auf der Bühne improvisiert. Heutige Sketche und Slapsticks im Fernsehen kommen mit ihrem bissigen Sprachwitz und ihrer bisweilen vulgären Derbheit der antiken Form sehr nahe.

Einer der bekanntesten Vertreter dieser Gattung wurde Publilius Syrus. Seinen wahren Namen kennen wir ebenso wenig wie seine Lebensdaten. Er muss bis zur

Mitte des 1. Jahrhunderts v. Chr. gelebt haben. Publilius kam als Sklave aus Antiochia in Syrien (daher *Syrus* = der Syrer) nach Rom, wo ihn ein Freigelassener kaufte. Schon bald fiel der Junge seinem Herrn durch Schönheit, Witz und vor allem Schlagfertigkeit auf. Er stellte den aufgeweckten Jungen seinem eigenen früheren Patron vor. Der fand Gefallen an Publilius Syrus und ließ ihn schulisch ausbilden. Bald wurde er von seinem Herrn in die Freiheit entlassen – nach seinem Patron wurde er Publilius genannt – und damit begann seine Karriere als Autor.

Publilius war Dichter, Schauspieler und Regisseur in einer Person. Von seinen beliebten Stücken, die sofort großen Anklang fanden, hat sich keins erhalten. Wohl aber an die 700 Zitate, eben jene »Sprüche« (lat. *sententiae*), die der Schreiber Philon in unserer Geschichte dauernd im Munde führt. Sie wurden schon bald nach dem Tode des Dichters in alphabetischer Reihenfolge gesammelt, aufgeschrieben und veröffentlicht. Neben Plattitüden, also abgedroschenen Redewendungen, enthalten sie ungemein prägnante, sehr knappe Formulierungen von großer Lebensweisheit in vollendeter Sprachform. So wurden die Sentenzen bald schon zum Schulbuch und als solches durch die Jahrhunderte überliefert.

Vespasian: Titus Flavius Vespasianus, geboren am 17. 11. 9 n. Chr., römischer Kaiser (22. 12. 69 bis 24. 6. 79). Als Sohn eines Steuereinnehmers war Vespasianus der erste römische Kaiser nichtsenatorischer

Herkunft. Die Familie stammte aus Reate im Sabiner-
land. Unter Kaiser Tiberius gelangte er in den Senat,
wurde Legionskommandeur am Rhein, leitete die Eroberung Südbritanniens mit, wurde 51 Consul und 67
von Nero mit der Unterdrückung des jüdischen Auf-
stands beauftragt. Im Sommer 67 riefen ihn die Legionen der Ostprovinzen zum Kaiser aus, die Truppen der
Donauprovinzen schlossen sich an. Am 22. 12. 69 wurde er vom Senat anerkannt.

Im Jahre 70 schlug er den Bataveraufstand (westlich
des Rheindeltas) unter Iulius Civilis nieder. Drei Jahre
später begann er die Eroberung des Dekumatenlandes
(Decumates agri) westlich des Neckars und dehnte um 77
die römische Herrschaft in Britannien nach Norden aus.

Dem nüchternen und schlichten, energischen und
ironischen Vespasianus gelang es, die Ordnung in dem
durch Bürgerkrieg zerrütteten Reich wiederherzustel-
len, vor allem in den Finanzen, in der Rechtspflege und
im Heer. Seinen Sohn Titus, der 70 den Jüdischen Krieg
beendete, ernannte er zum Mitregenten und Kommandeur der kaiserlichen Garde (Prätorianer).

Vespasianus entfaltete eine rege Bautätigkeit: Wieder-
aufbau des während des Bürgerkriegs zerstörten Capi-
tols, Erneuerung des Iuppiter- und des Vestatempels,
Wiederherstellung des Claudiustempels, dazu zahlreiche Bauten und Fernstraßen in den Provinzen und – als
Krönung – die Errichtung des Flavischen Amphithe-
aters (Kolosseum) in Rom.

Worterklärungen

Caesarea: Der Ort war ursprünglich ein kleiner Hafen, den die Phönizier im 4. Jahrhundert angelegt hatten. Benannt nach Straton, einem der phönizischen Könige von Sidon, hieß er Stratons Turm. Da es keine große natürliche Hafenbucht gab, ankerten hier nur kleinere Handelsschiffe. Das änderte sich, als Herodes d. Gr. (37–4 v. Chr.) König von Iudaea wurde. Er begann sogleich mit dem Ausbau von Stadt und Hafen, ließ gewaltige Wellenbrecher errichten, baute einen gewaltigen Leuchtturm, Lagerhäuser und Wohnviertel, einen großen Tempel zu Ehren von Kaiser Augustus, ein Theater, einen königlichen Palast und zahlreiche öffentliche Gebäude. Nach nur 13 Jahren Bauzeit (22 bis 9. v. Chr.) war die Stadt fertig. Sie war am Reißbrett entworfen, ihre Straßen kreuzten sich im rechten Winkel. Caesarea galt zu seiner Zeit als modernste Stadt des Römischen Reiches. Zu Ehren des Caesar Augustus wurde sie in Caesarea umbenannt. Nach dem Tod des Herodes war der königliche Palast Amtssitz des Gouverneurs *(procurator)* der Provinz Iudaea, der dem syrischen Statthalter unterstellt war. Einer von ihnen war Pontius Pilatus, der Jesus zum Tode verurteilte. Ein in Caesarea gefundener Stein trägt den Namen des Pilatus.

Ehe: Das römische Recht unterschied drei Formen der Eheschließung:

1. *conferratio*: Sie war die feierlichste und nur unter Patriziern, den Angehörigen des Geburtsadels, möglich. Nur hier wirkte bei der Zeremonie ein Priester mit.
2. *coemptio*: Hier ging die Frau durch einen Scheinkauf in den Besitz des Mannes über.
3. *usus*: Das Besitzrecht des Mannes wurde in diesem Fall formell rechtskräftig, wenn die Frau mit ihm ein Jahr in ehelicher Gemeinschaft gelebt hatte.

Die Ehe wurde seit der späten Republik (1. Jahrhundert v. Chr.) aufgrund von gegenseitigen Vereinbarungen geschlossen. Dabei übernahm die Frau nicht den Familiennamen *(nomen gentile)* des Mannes, sondern behielt ihren eigenen bei. Die Eheschließung hatte auch keine unmittelbare vermögensrechtliche Wirkung. Die Vermögen der Ehegatten blieben getrennt. So wurde die Mitgift der Frau zwar Eigentum des Mannes, musste von ihm aber im Fall einer Trennung zurückgegeben werden.

Anders als heute wurde die Ehe nicht vom Staat geschützt. Sie bestand so lange, wie die Ehepartner gewillt waren miteinander zu leben. Junge Römer konnten ab dem 14. Lebensjahr, Römerinnen ab dem 12. Jahr heiraten bzw. von ihren Eltern verheiratet werden. Die Kinder folgten in der Regel dem Stand des Vaters und waren seiner väterlichen Gewalt *(patria potestas)* unterworfen. Die Ehe galt als aufgelöst, wenn diese Lebensgemeinschaft nicht mehr bestand. Scheidungsgründe kannte

das römische Recht nicht. Allerdings wurde eine grund-
lose einseitige Scheidung stets als sittenwidrig missbilligt. Wiederverheiratung war zu allen Zeiten möglich,
doch die nur einmal verheiratete Frau genoss hohes Ansehen.

Verboten war die Ehe mit Sklaven, in der Republik
auch die mit Freigelassenen. Doch im Jahre 9 n. Chr.
wurde diese Schranke mit einem neuen Gesetz *(Lex Pa-
pia Poppaea)* aufgehoben. Die Ehe mit Freigelassenen
wurde zwar von konservativen Kreisen der römischen
Gesellschaft als unsittlich missbilligt, doch hatte dies
keinen Einfluss auf die rechtliche Anerkennung. Allerdings stellte Kaiser Augustus das Verbot einer Ehe mit
Freigelassenen für Personen senatorischen Standes wieder her.

In unserem konkreten Fall heißt das: Titus Acilius
Rufus, 16 Jahre alt, Sohn des Kaufmanns und (mittlerweile) Römischen Ritters Marcus Acilius Rufus, darf
nach römischem Recht mit der Freigelassenen *(liberta)*
Esther, 16 Jahre alt, die Ehe eingehen. Ihre Kinder werden römische Bürger sein und das Vermögen der Eltern
erben.

Jüdischer Krieg (66–70): In Iudaea, das zur römischen
Provinz *Syria* (Syrien) gehörte, gärte es schon seit langem. Hauptgrund war die Arroganz, mit der die kaiserlichen Prokuratoren (wie auch Pilatus) das jüdische
Feingefühl verletzten. So beschlagnahmte Gessius Florus, der auf den Gräueltaten seiner Vorgänger aufbaute,

sogar einen Teil des heiligen Tempelschatzes, um sich bei Nero auszuzeichnen, dessen neuer Kaiserpalast mitten in Rom aberwitzige Summen verschlang. Während der Amtszeit des Florus (64–66) revoltierten die Juden in ganz Palästina. In Jerusalem wurden der Tempelberg und die Antonia-Festung erobert und die römischen Besatzungen in drei Wehrtürmen eingesperrt. Ende des Sommers 67 befand sich ganz Jerusalem in jüdischer Hand. Eine jüdische Regierung entstand.

Nach dem vergeblichen Versuch des syrischen Statthalters, mit der XII. Legion Jerusalem zurückzugewinnen, schickte Nero seinen General Vespasianus an den Brandherd, um den Aufstand niederzuschlagen. Die jüdischen Einheiten leisteten seinen Legionen überall erbitterten Widerstand und hofften nach dem Selbstmord Neros (Juni 68), als Rom und Italien von Aufruhr und Unruhe geprägt waren, endgültig über die verhasste Besatzungsmacht zu siegen. Doch Vespasian hielt dem ungeheuren Druck stand und bekam nach und nach das ganze Land unter seine Kontrolle. Im Sommer 69 n. Chr. erhoben ihn seine Soldaten zum Kaiser. Vespasian kehrte nach Rom zurück. Sein Sohn Titus übernahm den Oberbefehl in Iudaea.

Titus wandte sich sofort gegen die Hauptstadt Jerusalem, deren starke Mauern von todesmutigen Männern verteidigt wurden. Die Stadt wurde vollkommen eingeschlossen und von Anfang Mai bis Mitte August 70 belagert. Systematisch wurde ein Stadtteil nach dem andern erobert, bis auf den Tempelberg. Er wurde von den

Juden fanatisch verteidigt, fiel aber dennoch im September 70 in römische Hände. Wie die übrige Stadt wurde er geplündert, die Schätze gingen nach Rom, die Gebäude setzte man in Brand. Die Mauern wurden dem Erdboden gleichgemacht. Zigtausende Juden, die ihren Besitz schon verloren hatten, wurden als Sklaven nach Italien gebracht.

Der Fall Jerusalems markiert das eigentliche Ende des großen Aufstandes. Titus begab sich nach Ägypten und von dort im folgenden Jahr nach Rom.

Nur in der Festung Massada am Toten Meer hielten sich zu allem entschlossene Verteidiger mit ihren Familien. Erst im Jahre 73 n. Chr. gelang es einer römischen Belagerungsarmee, die Bergfestung einzunehmen. Zuvor hatten 960 der insgesamt 967 Verteidiger, darunter Frauen und Kinder, gemeinsam Selbstmord begangen, um nicht in römische Hände zu fallen.

Kalender: Die Römer zählten die Monatstage nicht vom 1. bis zum 30. oder 31., sondern rückwärts von den *kalendae*, dem 1. Tag des folgenden Monats; dies aber nun nicht durchlaufend, sondern nur bis zu bestimmten Tagen des Monats, den *idus* und den *nonae*. Von diesen an begann die Rückwärtszählung von neuem, wobei der Tag selbst und der Fixtag mitgezählt wurden. Noch komplizierter wurde dieses System, weil die Iden und Nonen in vier Monaten am 7. bzw. 15., in den anderen acht Monaten am 5. bzw. 13. lagen. Wie die ansonsten so praktischen Römer auf diese absonderliche Monatsteinteilung gekommen sind, weiß man nicht, und ebenso wenig, wem wir die heutige Zählung, vom 1. an aufwärts, verdanken. Sie findet sich seit dem 6. Jahrhundert n. Chr. Da der römische Kalender sich ursprünglich nach den Mondphasen richtete, verschoben sich die Monate im Laufe der Zeit immer mehr, bis Iulius Caesar im Jahre 46 v. Chr. den alexandrinischen Gelehrten Sosigenes beauftragte eine Kalenderreform durchzuführen. Sosigenes führte das in Ägypten schon seit 4000 Jahren übliche Sonnenjahr ein und schob einmalig 90 Schalttage ein, um das Kalenderjahr mit dem Sonnenjahr zur Deckung zu bringen. Alle vier Jahre kam ein zusätzlicher Schalttag dazu. Nach einer weiteren Änderung durch Papst Gregor XIII. im Jahre 1582 gilt der von Caesar reformierte Kalender bis heute. Alle Länder der Erde haben nach und nach diese Form übernommen.

Massada: Die von König Herodes erbaute Festung wurde für das jüdische Volk eines der wichtigsten Symbole seiner Geschichte. Der Name Massada leitet sich von dem hebräischen Wort *metzuda*, Festung, ab. Der noch immer eindrucksvollste Bau ist der dreistufig hängende Palast auf der Nordseite des Gipfels. Auf der oberen Terrasse stand ein kreisförmiges Gebäude mit Kolonnaden am Abhang der Klippe. Darin befand sich der Wohnbereich des Königs und seiner Familie. Die nächste Terrasse hatte einen runden Balkon und wurde für Unterhaltungszwecke genutzt. Auf der dritten, quadratischen Ebene stand ein kleines Badehaus. Die Räume des Palastes waren mit Fresken in leuchtenden Farben ausgemalt, von denen man einige noch heute bewundern kann.

Der unmittelbar hinter der Mauer gelegene westliche Palast enthielt neben Wohnungen für die Gäste die Unterkünfte der Diener, Werkstätten und Lagerräume, außerdem prächtig ausgestattete Räume für Besprechungen und Staatsempfänge.

Massada erlangte eine besondere Bedeutung durch den dramatischen Bericht, den Flavius Josephus von den Geschehnissen gibt, die sich hier ereigneten. Drei Jahre nach der Eroberung, Plünderung und Zerstörung Jerusalems setzten sich hier immer noch an die tausend Menschen gegen die Römer zur Wehr. Erst dem römischen Legaten Flavius Silva gelang es, die Festung im März 74 n. Chr. zu stürmen. Doch er und seine Soldaten fanden auf dem Plateau außer zwei Frauen und einigen Kindern keine Lebenden mehr vor. Fast tausend Menschen hatten Selbstmord begangen, um nicht in römische Sklaverei zu fallen. Damit war die letzte Bastion im Freiheitskampf der Juden gegen die römische Weltmacht gefallen.

Noch heute finden sich archäologische Zeugnisse der Belagerung durch die Zehnte Legion der Römer. Im trockenen Wüstenklima der Region haben sich die Überreste ihrer acht Lagerplätze sehr gut erhalten. Man kann auch noch die etwa 4 km lange Umwallung des Bergmassivs erkennen. Am beeindruckendsten ist die Belagerungsrampe, die Flavius Silva aufschütten ließ, um in Höhe der Festungsmauer einen Rammbock in Stellung bringen zu können.

Provincia Syria: 64 v. Chr. wurde Syrien von Pompeius erobert und zur römischen Provinz *Syria* erklärt, mit Antiochia als Hauptstadt. Im Süden blieb das Königreich Iudaea als Vasallenstaat bestehen, es wurde allerdings in seiner Souveränität stark eingeschränkt. So kontrollierte der kaiserliche Procurator (z. B. Pilatus) von Caesarea aus die Steuerabgaben und übte bei Kapitalverbrechen die höchste Gerichtsbarkeit aus (vgl. den Prozess gegen Jesus). In Zweifelsfällen entschied der übergeordnete Statthalter von Syrien, wie in bestimmten Fragen vorzugehen sei. Unter den Nachkommen Herodes des Großen wurde Iudaea mehrmals geteilt, bis das ganze Gebiet 93 endgültig der Provinz Syrien einverleibt wurde.

Petra (in Jordanien): Die alte Hauptstadt der Nabatäer war nach dem Untergang ihres Reiches völlig in Vergessenheit geraten. Das hängt einmal damit zusammen, dass sie am Ende des Altertums von ihren Bewohnern verlassen wurde, zum andern liegt der Ort vollkommen versteckt in einem großen Talkessel, umgeben von gewaltigen Felswänden. Es gab nur einen einzigen Zugang durch ein schluchtartiges Trockental. Die Veränderung der Karawanenwege brachte Petra um seine Bedeutung. Erst 1812 wurde es durch J. L. Burckhardt wieder entdeckt. Seit einigen Jahrzehnten suchen jordanische und europäische Archäologen am Ort nach Spuren der wirtschaftlichen und politischen Geschichte der Stadt und ihrer Menschen. Erst im Laufe des 20. Jahrhunderts wurde allmählich bekannt, welche unbeschreiblichen, ja fast unglaublichen Reste aus dem Altertum Petra birgt: vor allem Felsgräber mit Prachtfassaden, die direkt aus den Felswänden herausgearbeitet sind. Heute untersuchen die Forscher vor allem den ehemals bewohnten Südrand des Stadtgebietes und das Gelände rechts und links der Hauptstraße mit dem großen westlichen Torbogen.

Reichtum und Macht der Stadt kamen aus dem Fernhandel ins südliche Arabien, nach Ägypten und Mesopotamien. Petra war der größte Lieferant von Weihrauch und Myrrhe, den teuersten Aromastoffen der Antike.

Die nabatäischen Könige standen zum Römischen Reich zunächst in einem Bundesgenossenverhältnis. Kaiser Trajan (98–117 n. Chr.), dem sie nicht zuverlässig erschienen, ließ den nördlichen Teil ihres Staates besetzen und machte ihn zur *Provincia Arabia*. Später ging aus der nabatäischen Schrift die arabische hervor.

Römisches Militärwesen:
Centurio: Befehlshaber einer Hundertschaft (*centum* = hundert). Die Centurionen waren das Bindeglied zwischen Offizieren und Mannschaft und hervorragendste Träger des berufssoldatischen Ethos.

Cohorte: der 10. Teil einer Legion. Sollstärke: 600 Mann. Die Prätorianer-Kohorte hat 1000 Mann.

Legat: Hilfsbeamte der außerhalb Italiens tätigen hohen Magistrate. Seit Caesar: Kommandeure der Legionen.

Legion: die sowohl verwaltungstechnisch wie taktisch in sich geschlossene Truppeneinheit der römischen Republik und der Kaiserzeit. Normalstärke: 6000 Mann, in der Praxis oft weniger. Die Legion gliederte sich in 10 Cohorten (Bataillone) zu je 600 Mann, die Cohorte in 3 Manipel (Kompanien) zu je 200 Mann, die Manipel in 2 Centurien (Züge) zu je 100 Mann. Zu jeder Legion gehörten 300 Reiter.

Tribun (*tribunus militum* = Militärtribun, im Unterschied zum *tribunus plebis* = Volkstribun): Stabsoffiziere der Legion. In jeder Legion gab es 6 Militärtribunen. Ihre Aufgaben waren in erster Linie administrativ. So regelten 2 den inneren Dienstbetrieb während eines Monats, die anderen standen zur Disposition des Feldherrn. Im Kampf erhielten sie verschiedene taktische Kommandos.

Vom Kind zum Erwachsenen: In den modernen Industriegesellschaften hat sich der Eintritt ins Berufsleben immer weiter »nach hinten« verschoben. Der Grund: Es dauert immer länger, bis der Heranwachsende in den verschiedenen Schularten, der folgenden Berufsausbildung oder dem Studium das unerlässliche Grundwissen erworben hat, das ihn erst befähigt als

Handwerker, Facharbeiter, Beamter, Pfarrer, Richter oder Wissenschaftler tätig zu werden.

Das war in der Antike anders. In fast allen Kulturen rings ums Mittelmeer ging man davon aus, dass ein Junge im Alter von sechzehn Jahren fähig sein müsste, die Aufgaben eines erwachsenen Bürgers zu übernehmen. Im Unterschied zu heutigen Vorstellungen galt Kinderarbeit als eine natürliche Sache. Zehnjährige wurden bereits in Berufen tätig, die heute einem Erwachsenen vorbehalten sind. Heute finden wir solche Maßstäbe noch in armen Ländern der »Dritten Welt«.

Wenn also Daniel – nach unsern Vorstellungen noch ein Junge, der nicht in Eigenverantwortung handeln kann – als Sechzehnjähriger bereits Aufgaben übernimmt, die heute erst bei einem Erwachsenen vorstellbar sind, dann ist dies im Rom des 1. Jahrhunderts n. Chr. nichts Besonderes. Dabei muss man auch berücksichtigen, dass die Lebenserwartung der Menschen damals weit unter den heutigen Durchschnittswerten lag. Man hätte sich eine ähnlich lange Ausbildung überhaupt nicht leisten können.

Ähnliches gilt für die Mädchen: Sie wurden im Allgemeinen im Alter von fünfzehn, sechzehn Jahren verheiratet. Die Väter von Braut und Bräutigam arrangierten das. Ob das Paar sich liebte, spielte dabei eine untergeordnete Rolle. Da sehr viele Kinder vor Erreichen des zehnten Lebensjahres an allen möglichen Krankheiten starben, war es die Hauptaufgabe der jungen Frau, möglichst viele Kinder zu gebären.

dtv junior

Abenteuer im alten Rom

Quintus geht nach Rom
ISBN 3-423-**70118**-8
Ab 12

Quintus in Gefahr
ISBN 3-423-**70236**-2
Ab 12

Quintus setzt sich durch
ISBN 3-423-**70295**-8
Ab 12